犯罪不安社会

誰もが「不審者」?

浜井浩一　芹沢一也

光文社新書

はじめに

「かつてはなかったような凶悪な犯罪が続発するようになった」

「安全と水はただという時代は終わりを告げた」

いまや「治安悪化」は多くの人にとって疑いようのない事実として認識されている。

こうした治安に対する人々の認識の変化は、いつごろから現れたのだろうか。

一つの転換点となったのは、一九九七年に神戸で発生した連続児童殺傷事件である。この事件は少年犯罪の低年齢化や凶悪化という論調が広まるきっかけとなった。続けて、十四歳の少年による殺人事件、十七歳の少年による殺人事件などが問題となり、犯罪被害者の支援運動などとあいまって、少年法の改正・ストーカー規制法と厳罰化を目的とした刑事立法が立て続けに国会を通過した。

さらに治安の悪化というイメージが人びとのあいだに定着するようになったのは、二〇〇〇年になって暴力犯罪の認知件数が急激に増加し、同時に検挙率が低下していることが、マスコミで大きく取り上げられるようになってからである。

そして〇一年には、大阪教育大学附属池田小学校で児童を対象とした無差別大量殺人事件が発生し、犯罪不安は決定的なものとなった。安全であるはずの小学校までが狙われるようになり、学校の安全対策や不審者対策が大きな社会的テーマとなっていった。この事件以降、学校への侵入事件などが相次いで報道され、多くの学校が校門を閉じ、監視カメラを設置し、警備員を置くようになったのだ。

〇四年には、奈良で通学路を帰宅途中であった女子児童が性犯罪の前科を持つ者によって誘拐され、殺害された。この時から子どもの安全対策は学校だけでなく、通学路を含む地域社会全体に一気に及んだという印象がある。そして、不安に怯《おび》え、危機感を共有するPTAや町内会によって防犯ボランティアが組織され、地域社会から不審者に対する警戒が強化された。

こうした社会情勢の中で、犯罪や治安の問題は、戦後初めて選挙の公約にも取り上げられ、行政も本格的な対策を講ずるようになる。〇三年に実施され、マニフェスト選挙として話題となった衆議院議員選挙においても、主要政党のほとんどが、犯罪・治安対策を重要な争点として取り上げた。

実はこれは、日本の選挙では画期的なことであった。

この選挙まで、経済・税金・雇用・年金・国防などが公約になることはあっても、犯罪対策が政治課題として取り上げられることはほとんどなかった。私が勤務していた法務省は、利権も存在せず、族議員などはもちろんおらず、ほとんどの政治家にとって関心を持たれる対象ではなかった。治安問題が政治的テーマとならないこと自体が、海外では、日本の治安が良好だという証左と語られてもいた。戦後の高度経済成長期以降、今ほど、日本において、犯罪や治安が大きな社会問題となったことはない。

しかし、誰にでも手に入る統計資料をきちんと分析していけば、日本の治安状況が急速に悪化していると言うには非常に不自然なものを感じる。1章で詳述するが統計的には、「日本の安全が崩壊した」とはとても言えないのである。にもかかわらず、「治安悪化」の言説はあたかも事実として定着してしまっている。私はこれを「治安悪化神話」と名づけ、〇四年秋に学術誌に発表した。当時は治安悪化そのものを疑うということが、非常に珍しかったように思う。

現在、行政の多くの施策が治安悪化を前提に動いている。はたしてこのことは、私たちの社会にとっていかなる意味を持つのか。

問題なのは、この治安悪化神話が事実なき「神話」であるにもかかわらず、さまざまな行政の施策に取り込まれ、人々の自由を制限し、コストを増大させる根拠となっていることだ。たとえば、世の中で話題になり、行政も動いている「ニート問題」。これもまた、「不気味に変質する若者を放っておいたら、日本はどうにかなってしまうのではないか」といった物言いがなされるように、少年犯罪の急増、凶悪化を前提とした治安悪化神話と関連していると考えられる。

一体どうして、これほどまでに治安悪化が信じられているのか。

本書では、治安悪化というイメージがなぜかくも強固になったのかを分析するために、共著というかたちをとった。1章では、私、浜井浩一が主に統計を使った分析を行い、続く2章、3章では芹沢一也が思想史の観点から、犯罪をめぐる言説を言論や世論、行政にわたって分析した。この治安悪化という神話の生成には、「数値」と「思想」の両方が関わっている。それゆえその両面からアプローチした。そして4章では、「治安の最後の砦《とりで》」とされる刑務所の実態を垣間《かいま》見ることで、治安悪化神話と監視強化や厳罰化がつくり出した「現実」

を示そう。1章は、『犯罪社会学研究』(第二九号、現代人文社、二〇〇四年)に発表した論文「日本の治安悪化神話はいかに作られたか」、4章は拙著『刑務所の風景』(日本評論社、二〇〇六年)の1章を元に新書向けに書き直したものである。

本文に入る前に、私が日本の治安悪化に疑問を覚え、研究テーマとしたきっかけを述べておきたい。

法務省在職中の人事異動によって、法務総合研究所から刑務所に転勤した時のことである。意外なことに、刑務所では世論で言われているような治安悪化の実態は感じられなかった。逆に、広く流布している治安悪化言説と、「治安の最後の砦」である刑務所の現状のあいだに大きな落差を感じた。

世論では治安悪化は凶悪かつ狡猾《こうかつ》な犯罪者によってもたらされたかのように喧伝されている。それにもかかわらず、刑務所は通常の作業に取り組むこともできない高齢者や障害者であふれかえっていたのだ。

県下の受刑者が一度はすべて集まる首都圏の特大刑務所の刑務官、現場にいる彼らでさえ私にこう話していた。

「最近いやな事件が多いですね、日本はどうにかなってるんですかね」

「目の前の受刑者を見ていて、本当にそう思う?」

私がそう問い直すと、初めて、

「あっそうですね、そういえば、年寄りと病人や外国人ばかりで、おかしいですね」

という返事が戻ってきた。

治安の最前線にいる刑務官ですら、メディアの影響を強く受け、目の前で起きている事態との落差に気がつかないのである。それほどまでに治安悪化という「神話」が強固に刷り込まれていることに私は驚きを禁じえなかった。

私は日本の治安は安泰で何の対策も必要ないと主張しているわけではない。ただ、本書によって読者のみなさんには常識を疑ってもらいたい。そして社会においては、正しい現実認識に基づいた至極真っ当な議論が成立することを切望している。

二〇〇六年十一月

浜井浩一

目次

はじめに　浜井浩一　3

1章　犯罪統計はどのように読むべきか　浜井浩一――15

高まる「犯罪不安」／スローガンばかりが目立つ／認知件数と検挙率／認知件数急増の理由／ストーカー事件の波紋／検挙率が急減した理由／潜在事件の顕在化／「自転車盗」のカラクリ／検挙率アップの方法／警察方針に影響されにくい統計／人口動態統計から見えるもの／最も信頼度が高い調査とは／客観的統計が示す結論／非行の低年齢化は本当か／むしろ高齢化する少年犯罪／不安には多様なレベルがある／実態と報道のギャップ／ユビキタス社会の犯罪情報／メディアがつくり出すコピーキャット犯罪／モラル・パニックとは何か／〝鉄の四重奏〟／犯罪被害者支援が報道と行政を変えた／被害者のメッセージ／厳罰化に効果はあるか／治安悪化神話の解消を

2章　凶悪犯罪の語られ方　芹沢一也――75
宮﨑勤から始まった／狂乱の報道合戦／大騒ぎとなったあの部屋／「宮﨑勤、それは私だ」／饒舌な言論人たち／仕立て上げられた事件像／酒鬼薔薇事件の衝撃／少年Aをめぐる解釈合戦／議論は教育問題へ／論客・宮台真司／ダーティー・ヒーローとされる酒鬼薔薇／「普通の子」が突然キレる／理解不能な「怪物」たち／一転、言葉を失う社会／犯罪被害者遺族への注目／最も犯罪被害者を苦しめたもの／あまりに正当な訴え／牽制された厳罰論議／メディアを変えた犯罪被害者／「殺された人間」への共感／そして犯罪の現代史へ／転換点となる池田小学校事件／娯楽からセキュリティへ／宮﨑勤と小林薫
3章　地域防犯活動の行き着く先　芹沢一也――133
事後活動から予防活動へ／背景としての新自由主義／コミュニティ崩壊とい

うロジック／保守的なノスタルジー／全国に広まる「生活安全条例」／時代錯誤と見なされた生活安全局／核心は「子どもの安全」／被害者化する社会／小林薫の警笛、宮﨑勤の死刑判決／「子どもを守れ」の大合唱／防犯ボランティアの急増／生きがいとしての防犯活動／あたかもサークル活動のように／環境犯罪学の普及／「犯罪機会論」という思想／「割れ窓理論」とは何か／全国の小学校に広がる実践／快楽と不安が共存する／他人を見たら不審者だと思え／「相互不信社会」の誕生／不安と治安の悪循環／誰にとっても息苦しい／排除されるのは誰か

4章　厳罰化がつくり出した刑務所の現実　浜井浩一

不審者とはどんな人か／科学的根拠はあるか／過剰収容というレトリック／労働力にならない受刑者たち／老人・障害者・外国人／まるでリハビリ施設／ある高齢受刑者との面接／元気な受刑者はどこにいる／外国人受刑者は「凶悪」か／ある日の作業指定会議／受刑者像を統計で読み解く／高齢化す

る刑務所／刑務所は「福祉の最後の砦」／葬式も、墓参りも／刑務所人口が増えた理由／サービス向上を求められて／「事なかれ主義コンプライアンス」の蔓延／過剰収容にならない北欧／日本の罰は寛容なのか／「謝罪」とは何だったのか／死刑判決も無期判決も増加／無期刑はほぼ終身刑化／科学的根拠に基づいた対策を／キャンベル共同計画の挑戦／恐怖と不安のサーキット

おわりに　芹沢一也　237

参考文献　242

1章　犯罪統計はどのように読むべきか

浜井浩一

高まる「犯罪不安」

治安が悪い方向に向かっている、このように考える国民が年々、顕著に増加している。**図1**は内閣府によって行われた世論調査の結果である。二〇〇六年になって治安が悪くなったと考える人が減少しているように見えるが、これは、犯罪に対して強い不安を持っている人が、自己防衛で調査に協力すること自体を拒否したためか、調査の回収率が一五パーセント以上も低下したことによるものである。

昨今、日本における急速な犯罪の増加は、もはや既定の事実として多くの国民に受け入れられ、マスコミや政治における治安対策の議論は、すべて「治安悪化」を前提として行われている。

なぜ、多くの人が日本の治安が悪化したと考えているのか。その理由としては、以下のものが挙げられる。

認知件数などで凶悪犯罪が増加したように語られること。警察による犯罪統制能力が低下したと言われていること。これについては、検挙率の低下が根拠になっている。さらに地域の連帯感の喪失などによって「もはや警察だけでは犯罪に対処しきれない」といった言説に

図1　世論調査における治安に関する意識の推移

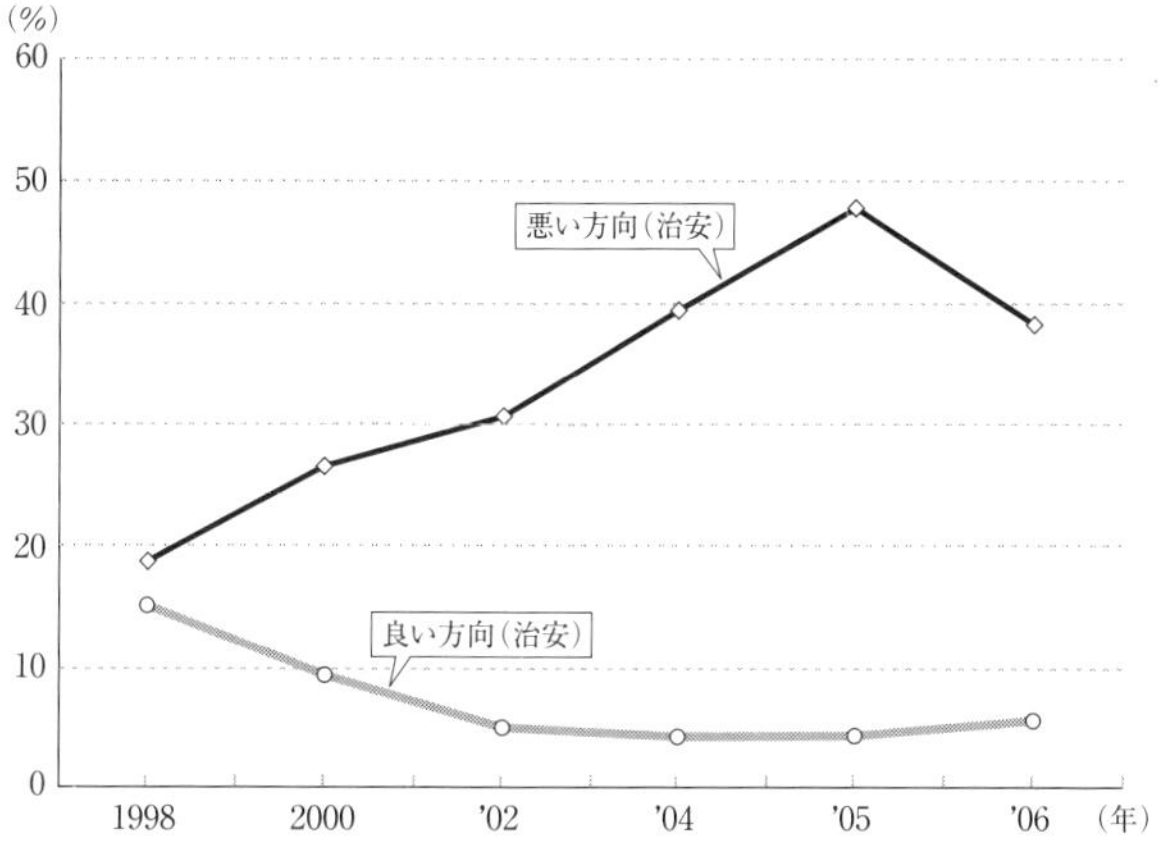

出典）内閣府の「社会意識に関する世論調査」による

代表されるように、警察への信頼感が低下したこと。また、最近、少年や外国人による凶悪犯罪が増加したように語られることである。

スローガンばかりが目立つ

しかし、そもそも「凶悪犯罪」とは一体、何を指しているのだろうか。

『犯罪白書』では殺人や強盗は凶悪犯罪に分類されている。『警察白書』では放火と強姦がこれに加わる。

しかし、バイクの持ち主にバイク盗をとがめられ、その持ち主を殴って逃げた「強盗致傷」少年は、凶悪犯罪者なのだろうか。最近、老夫婦のあいだで介護疲れから配偶者の殺害事件が頻発しているが、これは凶悪犯罪だろうか。刑務所でよく見かけるケースだが、経営破たんした町工場の経営者が、思いつめて包丁を片手に郵便局強盗をしたケースはどうだろう。友人にそそのかされてコンビニで万引きをして見つかり、店員を突き飛ばして怪我をさせ、逃げたケースはどうか。これらもすべて強盗と呼ばれる犯罪だが、凶悪犯罪なのだろうか。被害者を恐怖させ、自殺に追い込むような闇金融業者の悪質な取り立ては殺人でも強盗でもないが、凶悪犯罪ではないのだろうか。

実は、凶悪犯罪という言葉は英語には存在しない。

辞書的な訳としてはheinousとなるが、この単語をそのまま論文で用いると、かならず意味を問われる。よく考えてみると「凶悪」という言葉には、「恐ろしいほど残虐な」といった漠然とした主観的な意味合いが多分に含まれている。

それと同様に、「治安悪化」という表現にも気をつけたい。治安の中身——どのような犯罪がどの程度増加、または凶悪化し、それに対して社会や警察のどの部分が弱体化しているか——に関して明確な分析がなければ、何をターゲットにして、どのような対策を立てるべきかという議論は成立しない。

にもかかわらず、現状を見ると「悪化する治安を放置するわけにはいかない」「不審者の侵入を許すな」というスローガンばかりが目立ち、治安悪化の中身について十分な検証が行われないまま、重罰化・監視強化・警察官の増員・行動規制というように力で犯罪を封じ込めようとするか、あるいは素朴に規範意識や心の問題と考え、愛国心の涵養《かんよう》、道徳教育の充実、「心のノート」などの思い付きとしか思えない短絡的な対策ばかりが先行していたり、検討されていたりする。

そこで、まずは治安悪化を示す根拠となっている犯罪統計を分析することで、人々が考えるようには治安が悪化していないことを確認する。その上で、治安が急激に悪化しているという意識・不安、つまり「治安悪化神話」がつくり出され、それが一時的なパニックを超えて維持され続けているという社会的変化を考えてみたい。紙幅の関係から、犯罪不安に強く影響を及ぼす暴力犯罪を中心に、いくつかの代表的な犯罪を取り上げて分析をしてみよう。

認知件数と検挙率

治安悪化について語られる場合、一般的な指標としては警察が発表する認知件数や検挙率など犯罪統計の数字の悪化が、その根拠として引用される。認知件数の増加が犯罪の増加を表し、検挙率の低下が警察による犯罪統制能力の低下を表していると考えられているためだ。

だが、そもそも認知件数や検挙率とは何だろうか。

図2　犯罪統計

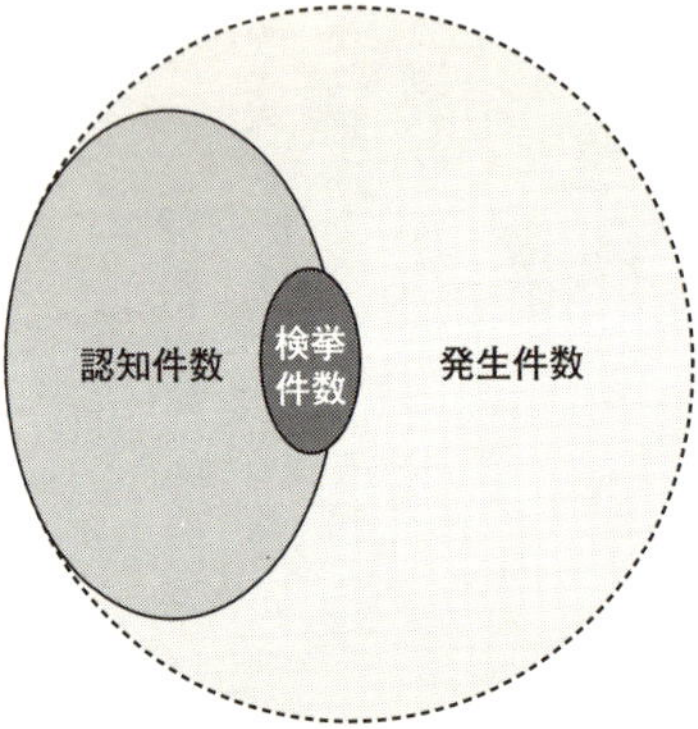

認知件数というのは教科書的に言うと、犯罪が被害者や目撃者によって警察に届けられ、警察がそれを犯罪として認定した事件の件数のことである。

警察統計を見る上で知っておかなくてはならないことは、警察統計が交通取り締まりや薬物の取り締まりなどを除いて、他の行政官庁の統計と同様に、原則として市民からの届出を受けて、それを受理した際の記録であるということだ。したがって、社会で発生した犯罪がすべて網羅されているわけではない。

一般的に、犯罪には被害者が犯罪に気が付かなかったり、または被害者が被害を警察に届けなかったりといった多くの「暗数」が存在し、警察が認知する犯罪はごく一部に過ぎない。認知件数を表すと**図2**のようになる。警察が事件の（被害の）届出を受け、事件を受理し、検挙にいたるまでの統計上の手続の概要を示したのが次頁の**図3**である。

つぎに検挙率というのは、検挙件数を認知件数で割ったものである。注意しなければならないのは、犯人が検挙されても、その犯人が実際に行った犯罪のすべてが検挙されるわけではないことだ。

たとえば、一般的に窃盗《せっとう》や詐欺などでは、逮捕されるまでに一人の犯人が一〇〇件以上の事件を起こしていることが少なくない。だが逮捕した直接の容疑以外に、余罪と言われる事件をすべて捜査して立件し、調書を作成するとなれば、その作業にかかる労力は膨大である。そのため余罪のすべてが検挙されるわけではない。さらに、余罪の中には被害届の出ていない事件も多く含まれている。余罪をどこまで掘り下げるかによって、検挙件数や認知件数は大きな影響を受けることになる。

認知件数急増の理由

二三頁の**図4**は、暴行・傷害について、一九八二年以降の認知件数および検挙率の推移を見たものである。大きな特徴は、一見して明らかなように、二〇〇〇年以降、認知件数が急

図3　犯罪の認知・検挙の流れ

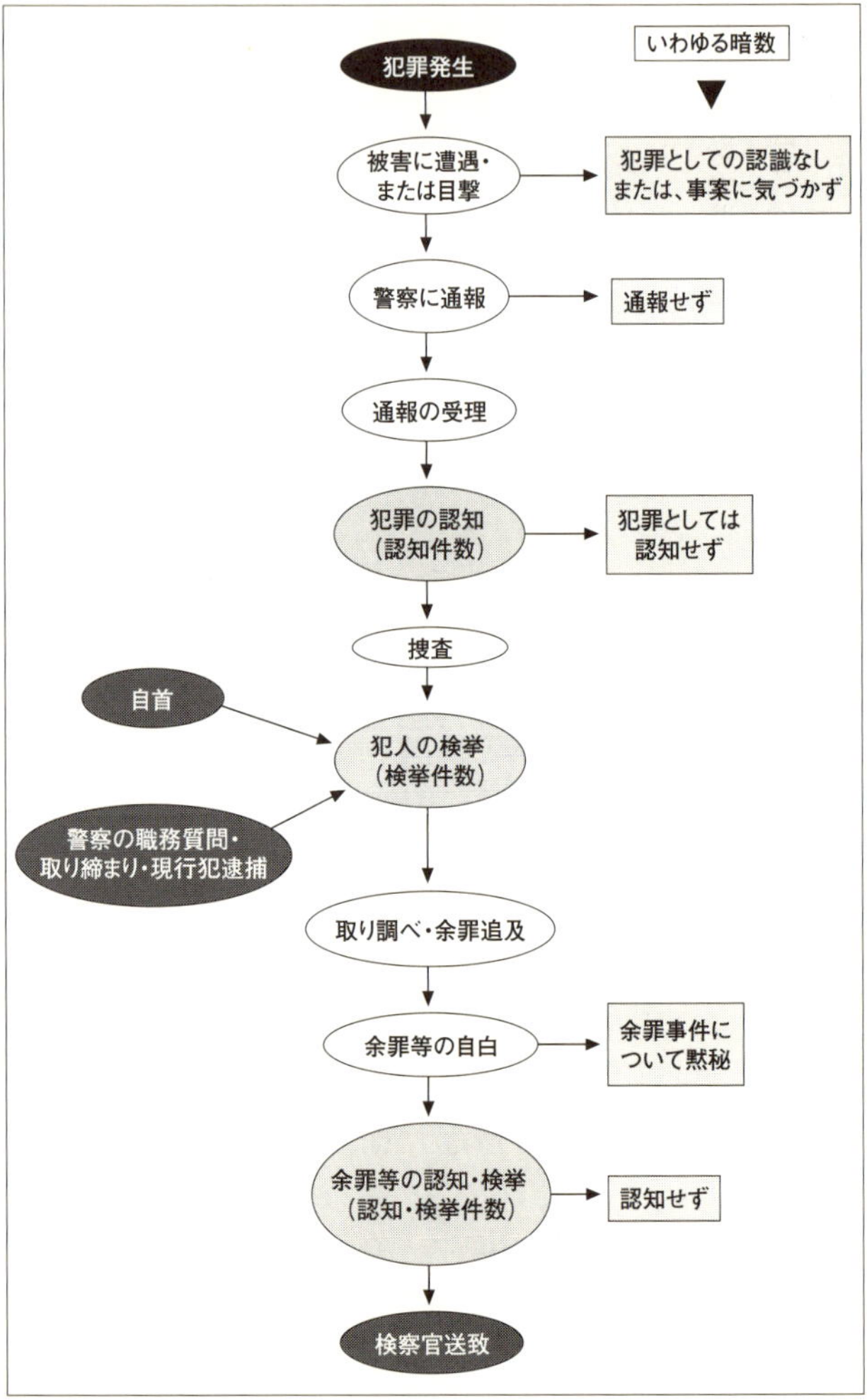
いわゆる暗数
犯罪発生
被害に遭遇・
または目撃
犯罪としての認識なし
または、事案に気づかず
警察に通報
通報せず
通報の受理
犯罪の認知
(認知件数)
犯罪としては
認知せず
捜査
自首
犯人の検挙
(検挙件数)
警察の職務質問・
取り締まり・現行犯逮捕
取り調べ・余罪追及
余罪等の自白
余罪事件に
ついて黙秘
余罪等の認知・検挙
(認知・検挙件数)
認知せず
検察官送致

図4　暴行・傷害の認知件数・検挙率の推移

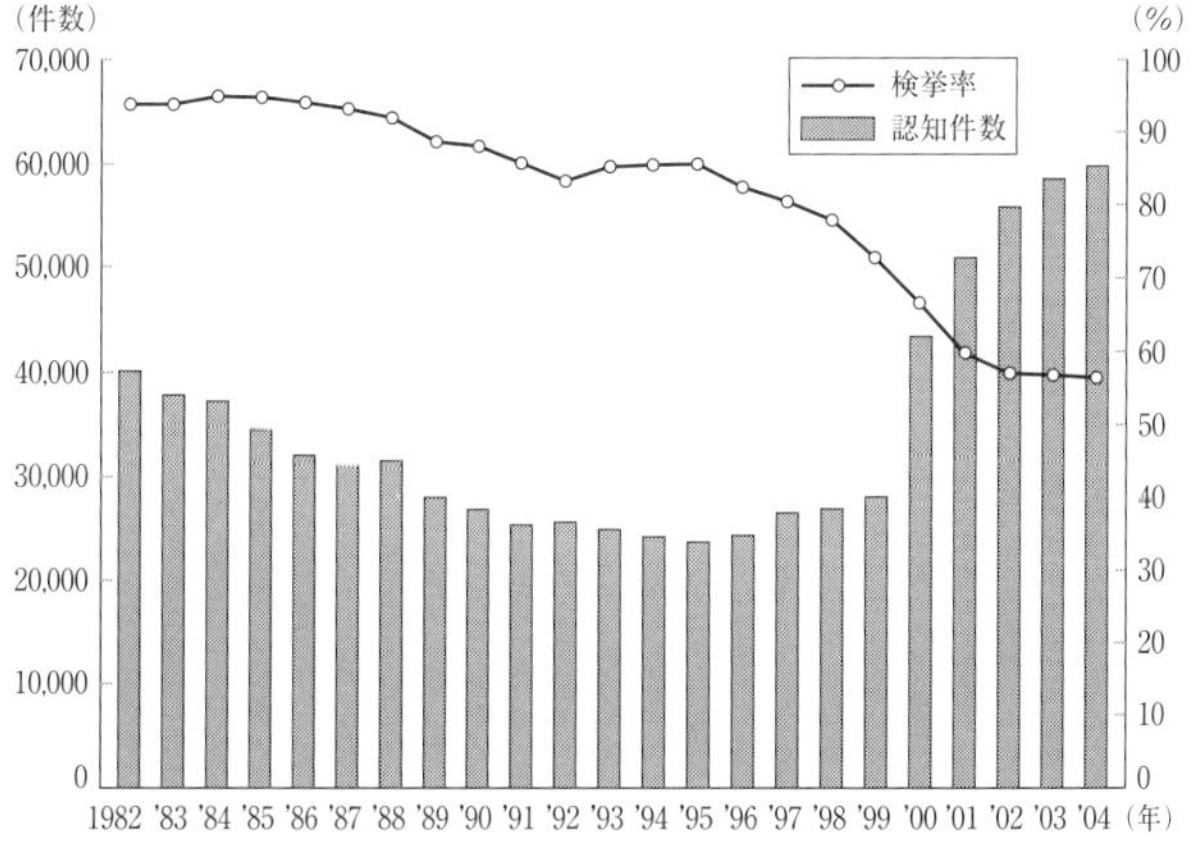

出典）警察庁の統計による

激に増加すると同時に検挙率が急低下していることである。

この数字をそのまま鵜呑みにすると、暴力犯罪が急増した結果、警察が対応できなくなっているという解釈となる。

しかし、ある年を境に人々が急激に暴力的になったりするとは考えにくい。統計的には明らかに不自然な動きなのだ。

警察統計は前述したように警察の事件受理統計であり、警察の活動方針が統計に大きな影響を与える。警察もふつうの会社や組織同様、トップからの文書や口頭による指示に活動が左右される。しかも警察という組織の特性を考えれば、トップからの指示はより大きな影響を与えると言ってよい。

警察の活動方針はある事件を境に転換している。

一九九九年十月に発生した桶川ストーカー事件である。

被害者の女子大生が、元交際相手とその兄が雇った男に、JR高崎線の桶川駅で殺害された事件である。女子大生は事件以前から「殺されるかもしれない」と身の危険を感じ、埼玉県警上尾署に告訴状を提出していたのに捜査は行われなかった。そのため警察の不手際や怠慢に批判が集中した。

そのような警察への批判に応えるために、二〇〇〇年三月に警察庁次長から「犯罪等による被害の未然防止活動の徹底について（依命通達）」という文書が出された。そこでは告訴・告発を含む困りごとの相談体制の強化が指示されている。前文には以下のように書かれている。

「最近、女性・子どもを被害者とする凶悪な犯罪に関し警察の対応が不十分であった事案が発生し、警察が本来果たすべき責務を全うしていないのではないかとの強い不信を国民に抱かせたことは誠に遺憾である」

これ以外にも一九九九年十二月十六日に、「女性・子どもを守る施策実施要綱の制定について」という通達が出されており、夫婦間・親子間の暴力事案、ストーカー等対応が困難となる事案について積極的対応をするように指示がされている。さらに翌二〇〇〇年四月に「告訴・告発の受理・処理の適正化と体制強化について」という警察庁刑事局長通達が出された。

同年八月には「警察改革要綱」が国家公安委員会・警察庁から示され、国民の要望・意見の把握と誠実な対応が求められている。

これらはいずれも、警察に持ち込まれる困りごと相談や、事件通報に対する積極的対応を求めたものである。

ストーカー事件の波紋

次頁の**図5**は、警察の不祥事に関する朝日新聞および日本経済新聞関係の報道の件数を示したものである。急増した批判の報道に押し流されるかたちで、警察庁は警察に持ち込まれるさまざまな案件に対する積極対応を打ち出したということになる。

さらに、こうした警察の対応は、単に被害届を積極的に受理するといった受動的なものだ

図５　警察の不祥事に関する新聞記事件数の推移

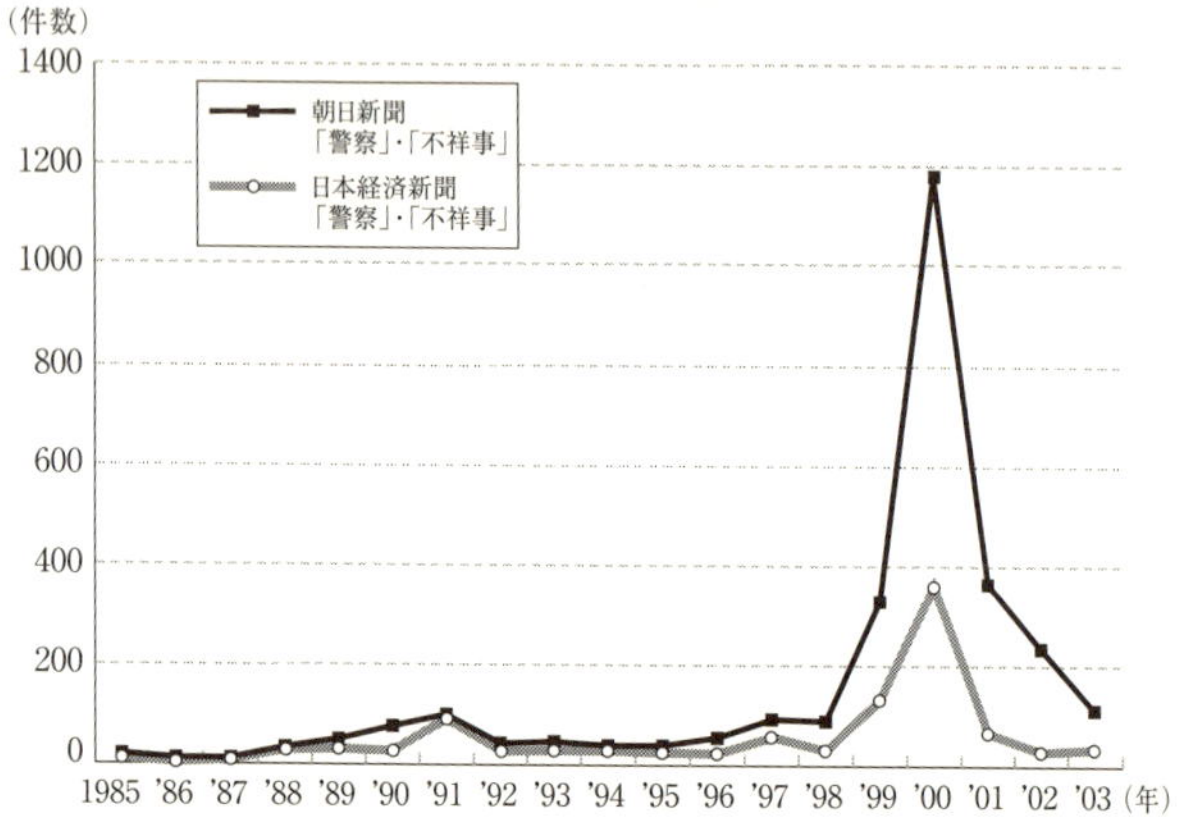

出典）朝日新聞データベース「聞蔵」および日経テレコン21
注）いずれも「警察」・「不祥事」をキーワードとした簡易検索による

けに止《とど》まらない。

昨今では、駅構内等で「ちかんは犯罪です」といったキャンペーンポスターに見られるように、犯罪被害に遭った場合に泣き寝入りすることなく、警察に相談するように積極的に市民に働きかけてもいる。

また、二〇〇〇年十一月二十二日には、警察庁生活安全局長・長官官房長名で「警察安全相談業務に係る関係機関、団体との連携の推進について」という指示が出され、警察に持ち込まれる相談事案については、その内容のいかんにかかわらず、すべて受理し、国民の安全に関わる問題が認められる事案は、適切な対応措置を講ずるように指示されている。

翌〇一年五月の全国刑事部長会議において、

警察庁長官は訓示の中で次のように指摘した。

「暴行・傷害等の粗暴犯は、認知、検挙ともに激増しております。国民のこの種事案に対する検挙要望が強くなり、積極的に届出をするようになってきたことが増加の原因として考えられます」

警察庁の調査によると、一九九九年から二〇〇〇年にかけて、ストーカー事案の検挙件数が暴行・傷害において二二件から二一六件に増加している。強姦は〇件から一五件、住居侵入も一六件から一二四件に増加している。これは、男女関係に端を発する事件に対して、警察が積極的に対応するよう方針を変えたことを如実に表している。

認知件数の急増は、犯罪の増加というよりも、こうした警察の努力の成果であると考えるのが妥当である。

検挙率が急減した理由

認知件数の増加に呼応するかたちで、検挙率が急激に低下している。この理由については、先のような警察庁の方針転換によって、認知し処理すべき事件数が増加したことに加えて、ストーカー、闇金融業者の取り立て、夫婦間のトラブルなど、従来よりも取り扱いが困難な事案が増加したことが影響している。その結果、警察庁長官が、先に引用した二〇〇一年の刑事部長会議の訓示の中でも指摘しているのだが、「事案の処理に追われ余罪解明率が低下」したことが大きな要因として考えられる。

限られた人的資源の中で取り扱う事件が倍増すれば、当然のこととして組織にかかる負荷は相当なものになる。しかも、従来は民事不介入を口実に敬遠していた金銭や人間関係のトラブルにも対応しなくてはならなくなったため、警察官の物理的・精神的な負担感はかなり増したものと思われる。

このような事情を裏付けるデータの一つに、警察における警察安全相談（困りごと相談）件数の動向がある。**図6**はその推移を見たものであるが、九九年まではほぼ横ばいであったものが、二〇〇〇年から急上昇している。

この急上昇の原因については、警察庁の重久真毅（〇二年）が「相談受理件数が急激に増加した理由としては、都道府県警察における相談受理体制が充実するとともに、相談窓口の利用に関する広報が積極的に展開されたため、市民にとって身近な存在である警察に種々の

図6　警察安全相談件数の推移

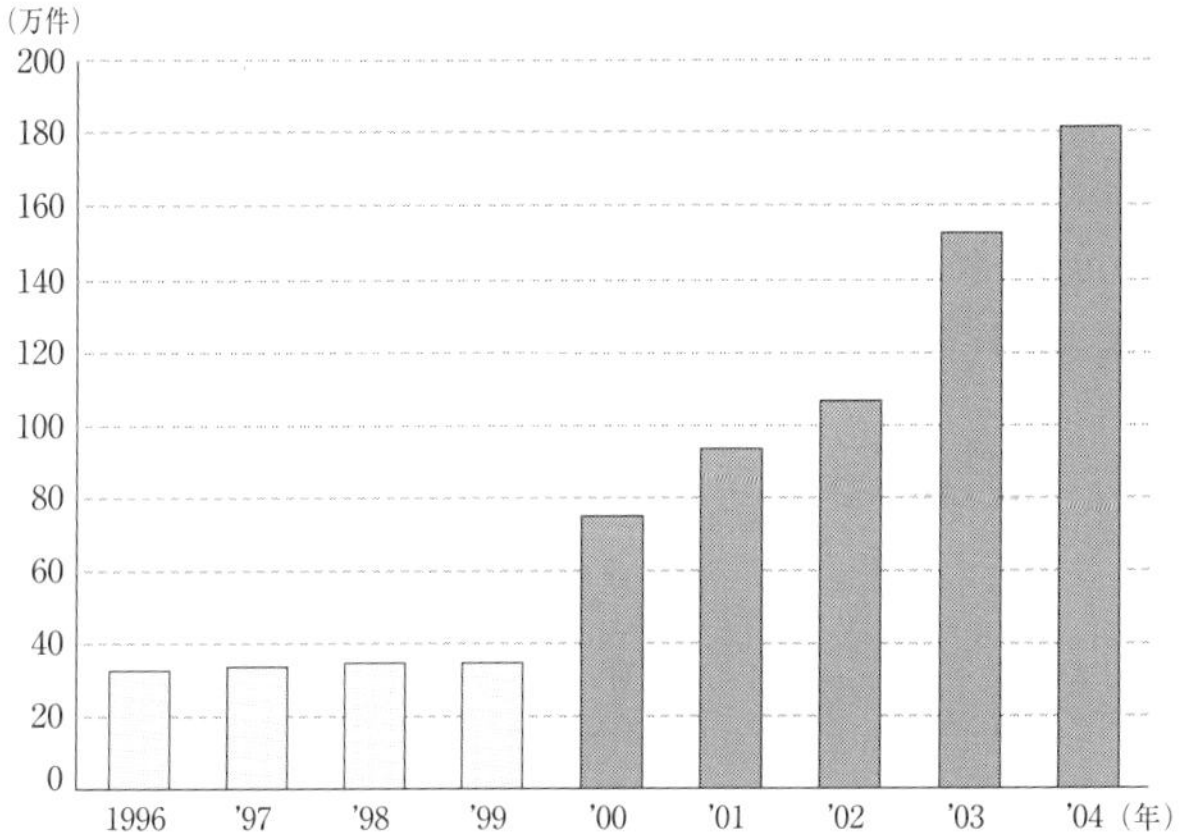

出典）警察庁の統計による

相談がより持ち込まれるようになったことが考えられる」と指摘している。

警察安全相談については、相談の内容が犯罪に当たると認められるときにはただちに事件を担当する課（刑事課や生活安全課など）に引き継ぐこととされている。

警察庁の調査（石井雅博「警察安全相談業務の推進」、〇一年を参照）によると、相談内容のうち全体の九〇パーセントは警察で対応すべき内容であったと報告されている。つまり、相談のほとんどは、何らかのかたちで犯罪に関わる、または犯罪に発展する恐れのある内容であったというわけだ。

こうした相談体制の強化が、潜在事件の発掘に大きく貢献し、認知件数を引き上げたのは間違いない。

被害者対策に本腰を入れた九六年から数年間、一貫して相談件数が三〇万件前半でほぼ横ばいであったことから考えると、これが警察の受理できる相談件数の能力的な上限であったとも考えられる。そして、二〇〇〇年以降の相談全件受理体制によって、警察が能力を超えた相談を受けるようになった結果、認知した事案に対応しきれなくなり、それが検挙率の急降下につながったのである。

暴力犯罪の統計は、見かけ上急激に悪化したのであるが、殺人の認知件数は長期的に見れば緩やかに減少傾向にある。また、殺人の検挙率は九五パーセント台で推移しており低下傾向にはない。暴力犯罪の延長にある傷害事件における死亡被害者人員も、同様に減少傾向にある。

潜在事件の顕在化

また、強制わいせつに代表される性犯罪についても、一九九六年が一つの転換期となり、急激に上昇している。この年から急に人々の性モラルが低下し、性犯罪者が増えたわけではない。九六年は警察における被害者施策の基本的指針を定めた「被害者要綱」が制定された年であり、警察における「被害者元年」だったからである。

同年六月の警察本部長会において、国松孝次警察庁長官は次のような訓示をしている。

「（被害者対策によって）被害者の救済と警察に対する信頼を確保することができ、ひいては、潜在化しがちな事件を顕在化させ、事件検挙により犯罪の未然防止を図っていくことにもつながるものと考えております」

「被害者要綱」によって警察が、性犯罪を中心に犯罪被害者を積極的に保護し、その結果として潜在化しやすい犯罪被害を掘り起こした結果、強制わいせつ等の性暴力を含む暴力犯罪が増加し始めたのだ。

『平成十四年版警察白書』（二〇〇二）においても、強姦、強制わいせつの認知件数の増加を「警察では、性犯罪の被害者がしゅう恥心等から警察に対する被害申告をしゅん巡する傾向が強いことを踏まえ、女性警察官による事情聴取の拡大、専用相談電話の設置等、被害者心情に配意した各種施策を推進しており、これらの施策による被害申告の増加が性犯罪の認知件数の増加の要因の一つとなっていると考えられる」と分析している。

また、窃盗——交通事故関連を除いた一般刑法犯の八〇パーセント以上を占め、刑法犯の認知件数や検挙率の動向に大きな影響を与える——についても、基本的には暴力犯罪の場合と同様の説明が可能である。つまり、増加する事件数によってマンパワーが足りなくなり、余罪調査が十分にできなくなったのである。

図7は、窃盗の検挙件数と検挙人員を示している。八〇年代後半に検挙人員がいったん低下したが、その後は横ばいが続いている。その一方で、検挙件数は同じようにいったん低下し、二〇〇〇年からふたたび低下している。このデータが意味することは、『平成十四年版警察白書』(二〇〇二)において次のように指摘されている。

認知件数の増加により、事件の発生に伴う現場への臨場、鑑識活動等の捜査に追われ、余罪の捜査にまで手が回らない実情がある。余罪とは、ある事件で検挙された被疑者が犯していたその他の犯罪をいい、従来は、特に余罪が多い窃盗犯を中心に、余罪捜査に力を注ぐことができた。現在では、余罪の解明が困難となったため、検挙人員一人当たりの検挙件数が減少し、結果として検挙率が低下している。

図7　窃盗の検挙件数および検挙人員の推移

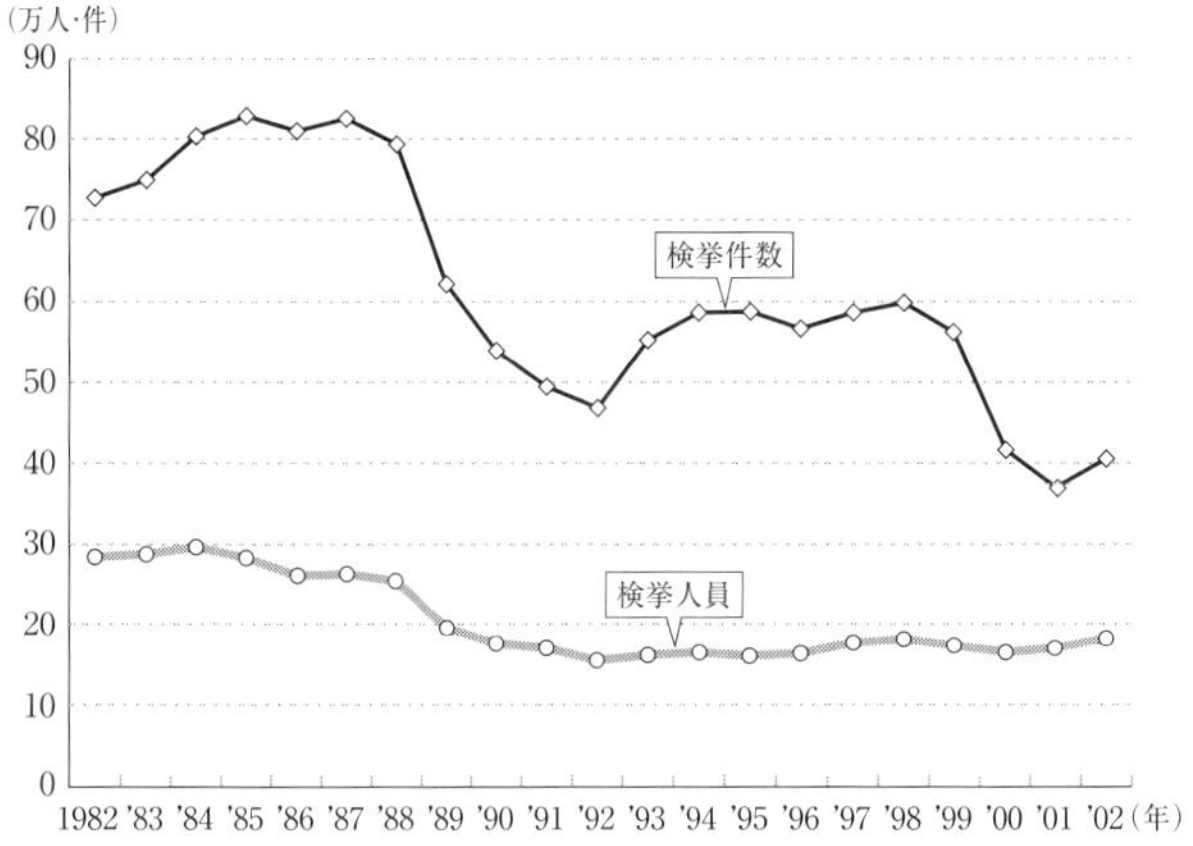

出典）警察庁の統計による

犯罪に暗数があり、すべての事件が警察によって認知されるわけではない以上、警察の統計を正しく理解するためには、それぞれの時期に警察がどのような方針で被害や事件処理に当たっているのか、重大な方針変更はなかったかを知ることが不可欠なのだ。

「自転車盗」のカラクリ

一般刑法犯の八〇パーセント（交通事故関連を除く）を占める「窃盗」の中でも、二〇パーセント以上を占める「自転車盗」にはさらにカラクリがある。

一九八〇年代後半に検挙件数が急低下しているのは、当時警察庁長官に就任した金澤昭雄が、自転車窃盗のような軽微な事件を解決して検挙実績を積み上げるような国民のニーズに沿わない捜査はやめて、より重大な事件に捜査力を振り向けるように強く指示したためである。

八九年十一月の警察本部長会議で金澤長官は、「被害者意識が希薄で軽微な事案に不相応な労力を割くべきではなく、真に住民が不安感を持つような悪質性の強い犯罪の検挙に重点を指向するように指示してきたところであります。自転車盗等の検挙率の低下は、この新しい方針に沿ったものとみなされます」と指摘している。

こういった指示によって、統計上は軽微な事件の検挙人員が低下したが、その後はずっと横ばいが続いている。つまり、検挙率の低下は警察の検挙能力が低下したためではなく、余罪捜査に振り向けている時間がなくなり、検挙人員一人当たりの検挙件数が低下したことが大きな要因となっているのである。

検挙率アップの方法

さて、ここで読者の皆さんに問題を出してみたい。皆さんが警察本部長だったとして、警察庁長官から「検挙率が低すぎるから一〇パーセント程度上げるように」と数値目標を設定されたらどうしたらよいだろうか。検挙率は検挙件数÷認知件数である。

最も出来の悪い答えは、分母の認知件数を減らすことである。こうすれば検挙率を上昇させることができる。どこかの国の社会保険庁の手口である。年金掛け金の納付率を見かけ上増加させるために、未払いの人を勝手に免除して分母から除いたのである。検挙の難しい面倒な事件を認知しなければ、検挙率は上げることができる。ノルマをきつくして数値目標を高く設定すると、こうした不正も発生してしまう。しかし、これは明らかに反則である。

では、どうするのか、ここで警察統計上の検挙とは何かを考えてみたい。

詳細は、私が編集した『犯罪統計入門』（日本評論社、二〇〇六年）を参照願いたいが、警察統計における検挙票を作成する場合は、「刑法犯に関する被疑事件について、検挙若しくは解決（犯罪ではないことが判明した場合）または被害品回復をしたときに作成すること」とされている。

具体的には、駅前の放置自転車をチェックして、防犯登録から盗難の被害届の出ている自転車を発見した場合を考えてみよう。被害品が回復した場合でも、犯人が検挙されるまで事件が検挙されたと言えない。しかし、自転車が発見されたことをきっかけに、持ち主が所有権を放棄したり、被害届を取り下げたりした場合には、検挙票を作成することが可能ではないかと思われる（ただし、最近は、自転車盗の積極検挙による検挙率引き上げの努力はなされていないと言われている）。また、深夜、自転車で徘徊している（不審な）人物に対する職務質問を積極的に行えば、自転車盗の検挙に効果的である。

さらに、侵入盗などの窃盗事件の場合には、逮捕までに同種の手口での犯罪を何十回、何百回も繰り返していることが多い。このような常習の窃盗犯を逮捕した場合に、余罪を徹底的に追及すると、かなりの検挙票を作成することができる。

ただし、余罪を追及してしまうと、一つひとつの事件について送検する必要が発生する。事件を検察庁に送致するためには、調書を作成し、犯罪現場での現場検証を行ったりすると膨大な手間がかかる。

これを省力化するための裏技に、国会でも取り上げられた不送致余罪というものがある。不送致余罪とは、「いわゆる余罪事件のうち、所要の捜査を遂げたものの、捜査経済上その他やむを得ない理由により、（検察官に事件を）送致または送付できなかったもの」とされる。要するに、余罪追及によって自白させた事件について検挙票は作成するものの、すべての事件を送致しなくてもよい仕組みとなっている。

もしこの制度がなく、すべての余罪の検挙事件について丹念に捜査し、書類をつくって検察官に送致することが求められるとすれば、警察官の数は現在の人員では到底足らないし、結果として余罪そのものの追及に消極的になる恐れもあり、現場感覚的にはやむを得ない部分もある。ただし、この不送致余罪の制度を積極的に利用するかどうかで、検挙率の増減をコントロールできるため、統計の信頼性という意味では問題が残る。

警察方針に影響されにくい統計

さて、公的機関による犯罪統計としては、認知件数や検挙率といった警察統計ばかりがマスコミで取り上げられるが、もう一つ異なる機関によって、まったく異なる観点から集められた統計が存在する。日本では「人口動態統計」(vital statistics)と呼ばれ、厚生労働省が所管しているものである。公衆衛生の立場から、人の病気・災害・傷害(injury)やその死因に焦点を当てた統計で、加害に基づく傷害および死亡人員を加害の内容別に分析することができる。

人口動態統計は、国際的な比較が可能になるように、WHO(世界保健機構)の定めた世界統一基準(ICD-10)に基づいて分類、作成されている。また、傷害および死因に関しては、人が死亡したときに提出が義務付けられている死亡診断書をもとに、死亡の原因(外因死の場合にはその発生状況や手段等)に基づいて統計がつくられている。

この統計は人の死因という視点からつくられているため、警察統計のように犯罪について多様な情報を持ってはいないが、警察の方針変更などの行政的な影響を受けにくい統計という点で重要な意味を持っている。

この両者は何が違うのか。

まず、警察の統計を見てみよう。こちらは「刑法犯の認知件数」という言葉が示しているように、何を犯罪とするのかという刑法を一つの基準としている。刑法の世界では、故意・責任能力・違法性といったものが問題となるため、人が暴力によって死亡した場合でも、殺害の故意が存在すれば「殺人」だし、殺害までの故意はなく、単に傷つけてやろうという傷害の故意の場合には「傷害致死」となる。しかも、その解釈はいろいろな理屈によって大きく変化するきわめて主観的なものである。

たとえば、二〇〇一年に刑法が改正され、新設された危険運転致死罪の場合には、事案としては、飲酒・無謀運転などによる交通事故に適用されるが、刑法上は傷害の故意を認定し、傷害致死の一類型ということになり、裁判所の統計も傷害致死に分類される。

危険な運転をするということは、「その運転によって人を傷つけても仕方ないという気持ちが心のどこかにあった」として故意を認定するという、かなり無理のある法解釈である。

ほかにも、強盗はきわめて刑法的な概念である。行為の形態としては、「強引な窃盗」であり、窃盗と暴行の混合犯罪であるが、刑法上は「暴行又は脅迫を用いて相手の財物を強取した者」とされ、手口と使用された暴力や脅迫の認定が問題となる。

ところが、この判断は実に難しい。万引きをとがめられ、捕まえようとした店員を振り払い怪我をさせて逃げた場合も強盗致傷となる。

また時代によっても基準は変わる。たとえば不良少年たちがケンカをした後、被害者の財布を盗って逃げた場合、以前ならば傷害と恐喝（または窃盗）であったが、昨今は強盗とされる場合が多い。

いずれにしても、警察統計では、何を殺人とするのか、何を強盗とするのかという分類の段階で、かなり主観的な判断が加わる。たとえば強盗の認知件数の変化が、強盗発生の変化によるものか、強盗の認定基準の変化によるものなのか、判断がつきにくい場合も多く、経年で比較する場合、信頼性に乏しい部分があるのだ。

人口動態統計から見えるもの

そこで前述の人口動態統計である。同統計の「加害に基づく傷害および死亡（以下、他殺

図8　加害に基づく傷害および死亡人員の推移

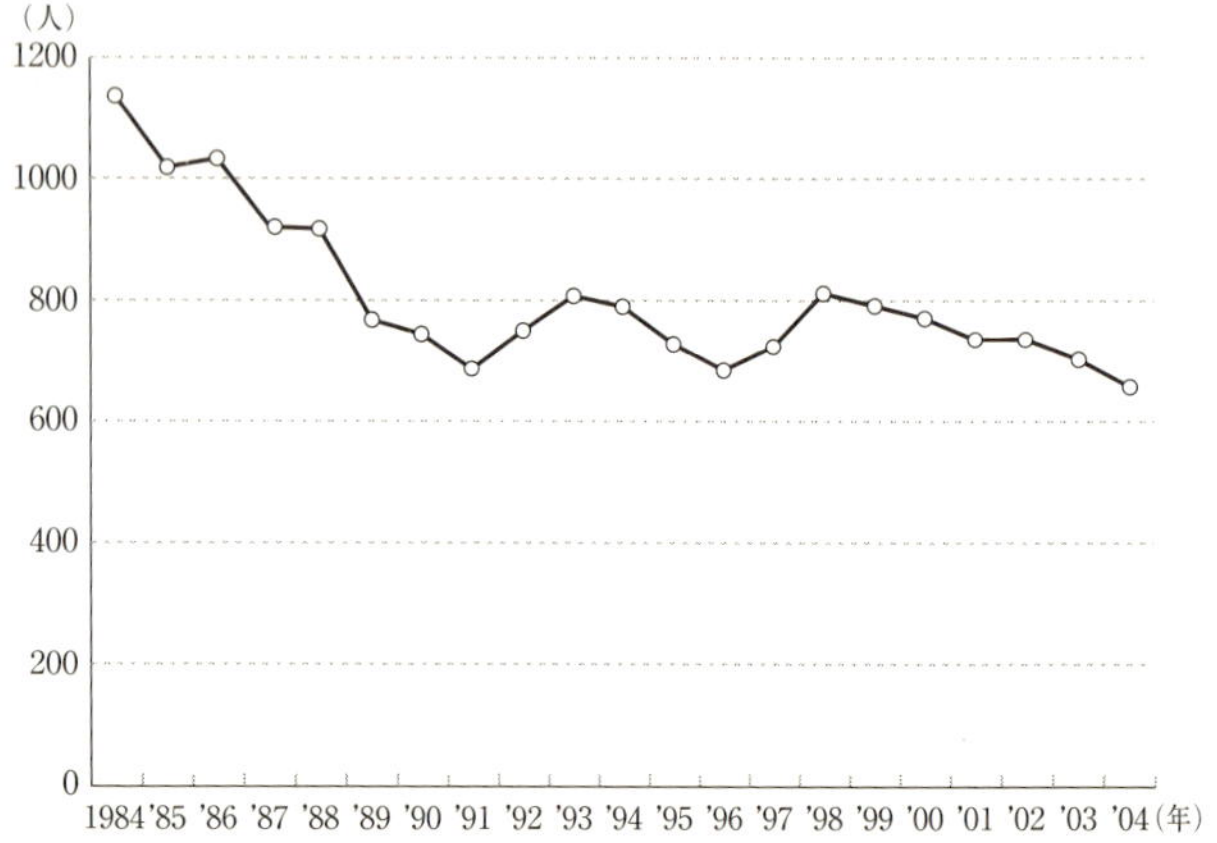

出典）人口動態統計による

という)」統計から見た暴力犯罪の動向を分析してみる。**図8**は、他殺によって死亡した者の推移を見たものである。明らかに他殺によって死亡する人の数は減少傾向にある。

昨今問題となっている子どもの安全についても興味深い数値が得られる。**図9**は他殺統計を年齢別に見たものである。五歳未満、五歳以上十歳未満のいずれにおいても、他からの加害によって傷害および死亡する子どもの数は明らかに減少傾向にある。

人口動態統計を見る限り、日本において暴力が蔓延《まんえん》しつつある姿は見えてこない。むしろ、他人から危害を加えられて死亡する人の数は減少傾向にあり、これは年齢層の低い子どもにおいて特に顕著である。

図9　年齢層別加害に基づく傷害および死亡人員の推移

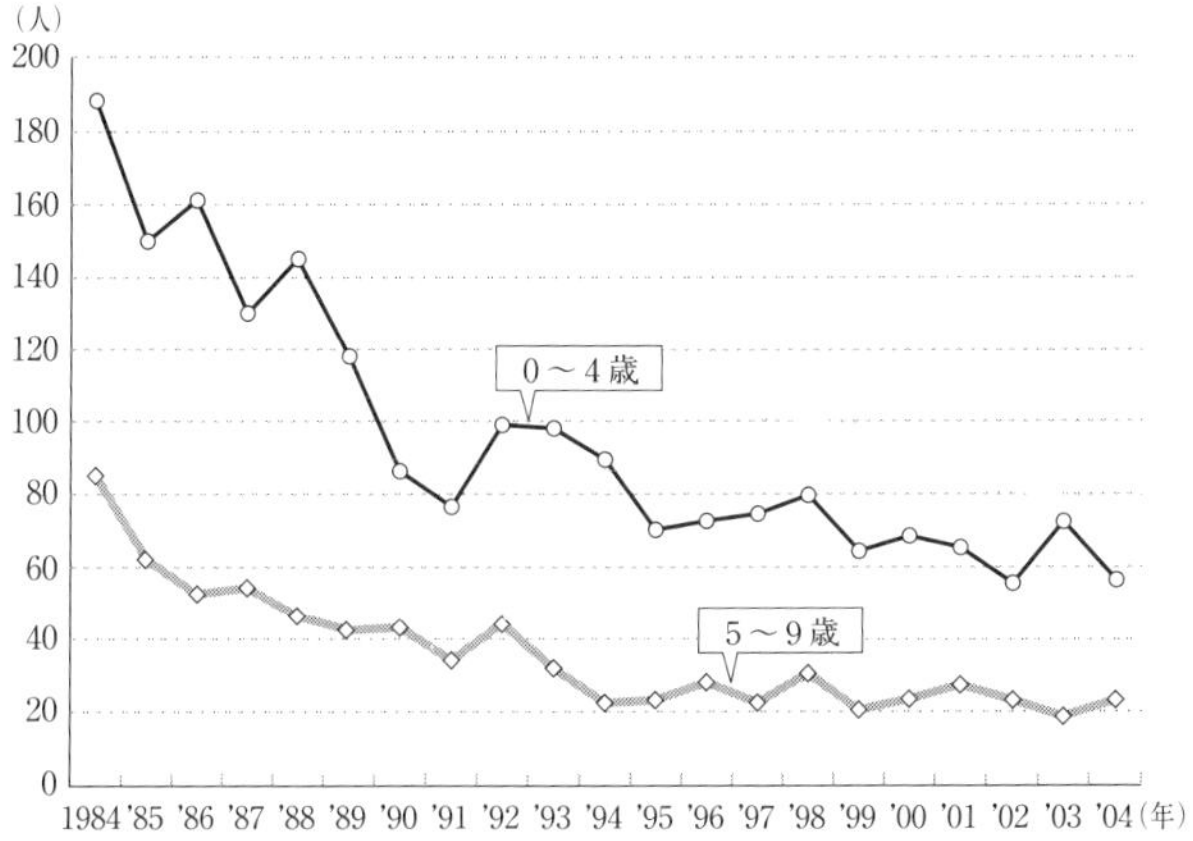

出典）人口動態統計による

つまり、他人から危害を加えられて死亡するリスクという観点から見る限り、日本は以前よりも安全になっているということが、この統計から読み取ることができるのだ。

最も信頼度が高い調査とは

以上、公式統計を使用した犯罪統計について紹介した。では、犯罪の発生状況を調べる統計は公式統計しかないのであろうか。英米では、犯罪をより正確に測定する方法に犯罪被害調査（Crime Victimization Survey）というものがある。

基本的には、世論調査の手法である統計理論に基づいたランダム・サンプリング（無作為抽出）の手法を用いて、犯罪被害発生率を統計学的に推定するものである。日本では、国際犯罪被害調査（International Crime Victims Survey）の一環として、二〇〇〇年および〇四年に行われている程度であるが、英米では統計学的に犯罪の発生動向を正しく測るため、莫大な予算を投じて毎年実施されている。

具体的には、調査対象である母集団の選挙人名簿等の住民登録制度対象を使用して、無作為（ランダム）に個人または世帯を選び出し、抽出されたサンプルに対して、電話または個別訪問によって、調査員が質問紙を用いて、一定期間（過去一年間等）に遭った犯罪被害についてインタビュー調査を実施する。

質問紙に含まれる質問項目は、単に犯罪被害の有無だけではなく、犯罪被害の通報の有無、通報した、または通報しなかった理由や、加害者との関係等の被害実態に加えて、犯罪に対する不安や刑事司法に対する意識等も調査項目として含まれることが多い。

犯罪被害調査は、正確なサンプリング調査が実施されれば、理論上は調査対象である犯罪被害について、かなり正確な推定を行うことができる。

客観的統計が示す結論

法務省が二〇〇〇年と〇四年に行い、『犯罪白書』にも紹介されている犯罪被害調査の結果が次頁の**図10**である。二〇〇〇年の調査は一九九九年以前の、〇四年の調査は〇三年以前の犯罪被害を調べている。ほとんどの犯罪において、二〇〇〇年調査から〇四年調査にかけて犯罪被害率が減少していることがわかる。

その一方で、前述したように性犯罪や暴力犯罪においては、警察に対する犯罪被害の通報率が上昇している。この間、性犯罪や暴力犯罪の認知件数が上昇しているのは、被害者が事件を積極的に届けるようになったためであることが、この調査でも明らかになっている。

以上、治安悪化の具体的内容について、統計を中心に客観的事実に基づいて分析してみれば結果はこうである。

認知件数や検挙率に見られる最近の急激な変化は、一方で警察側の犯罪に対する対応方針の変化や、他方でそれを受けた被害者側の届出行動の積極化によるものが大きく、そうした影響を受けにくい殺人や傷害致死といった、深刻な結果をもたらすいわゆる凶悪犯罪については、治安の悪化を示すような傾向は認められない。

さらに、そうした傾向は人口動態統計を見ても同様であり、人が他人からの暴力によって命を奪われるリスクは最近一〇年間で減少傾向にあることが確認された。また、科学的により妥当性の高い犯罪指標である犯罪被害調査の結果では、犯罪被害率は下降傾向で、警察へ

図10　ICVS2000およびICVS2004に見る犯罪被害率・警察通報率

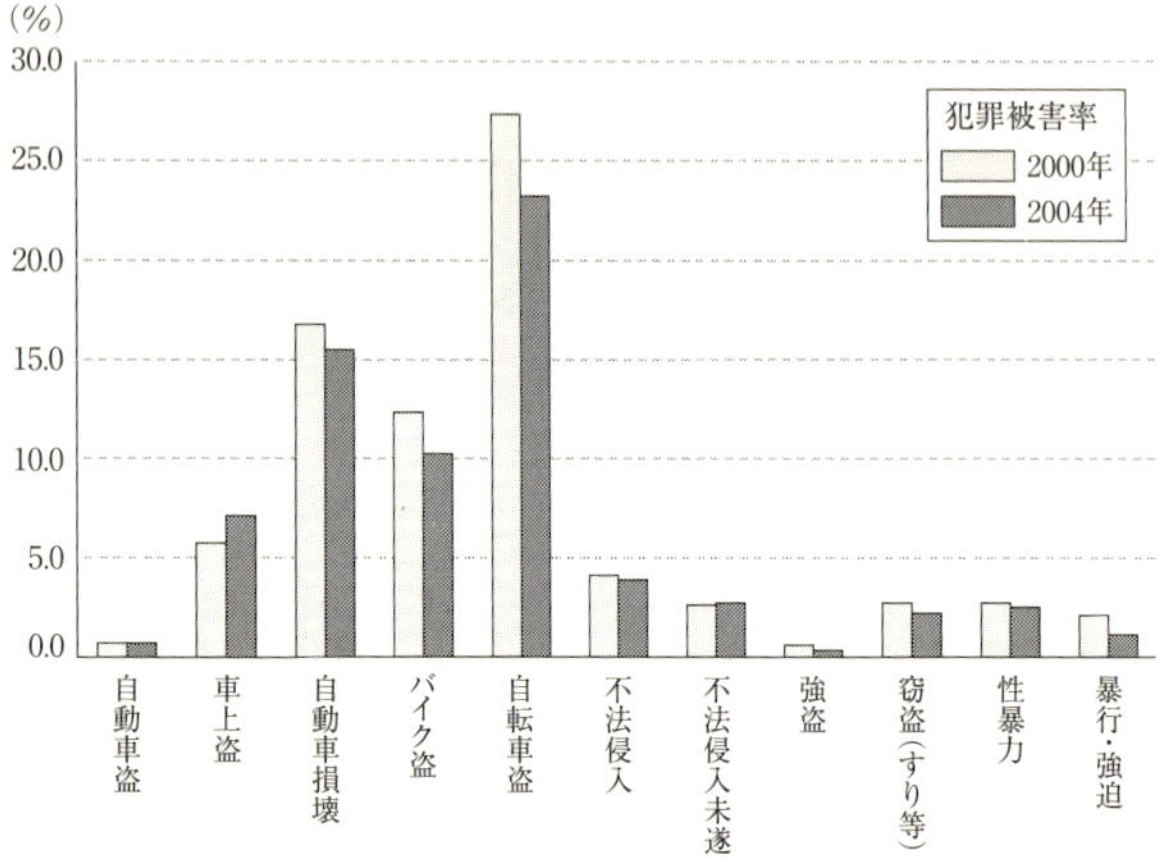

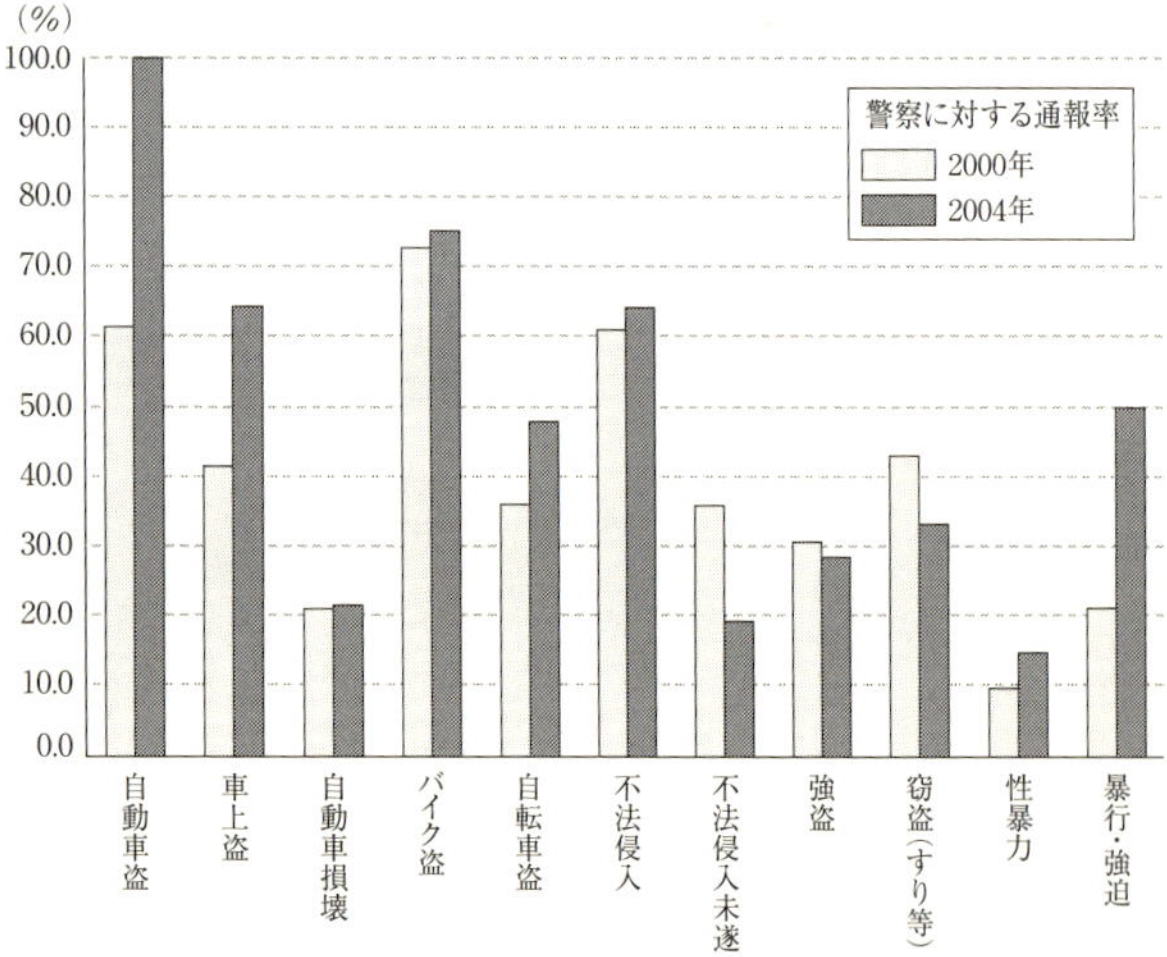

出典）『平成16年版犯罪白書』(2004)より

注）ICVS(International Crime Victims Survey)は国際犯罪被害調査を指す

の通報率のみが上昇している。

　客観的統計からは治安悪化はまったく認められない、というのが結論である。

非行の低年齢化は本当か

次に、治安悪化の一つの根拠とされる少年非行についても検討してみたい。

一般的に少年非行が問題となる際に枕詞となるのが、非行の「凶悪化」と「低年齢化」である。非行の「低年齢化」についても簡単に検証しておこう。本当にそうなのか。

　この疑問に対して、必ず提示されるのが、二〇〇三年に発生した長崎での中学一年生による幼児殺害事件と、翌年に佐世保で発生した小学六年生による同級生殺害事件である。いずれも非常に特異な事件である。特異な事例を時代や社会の象徴として見ることの問題点はこの後指摘するが、非行が低年齢化しているとすれば、それは例外的な事例ではなく、全体の非行の傾向から判断すべきである。

　次頁の**図11**は、非行曲線と言われているもので、複数の年に生まれた少年が十二歳から二十歳ぐらいまでのあいだにどの程度、非行で検挙・補導されるかを人口比で生まれた年別に図示したものである。この曲線を見てわかる通り、最近生まれた少年ほど非行のピークは右

図11　非行少年率の推移

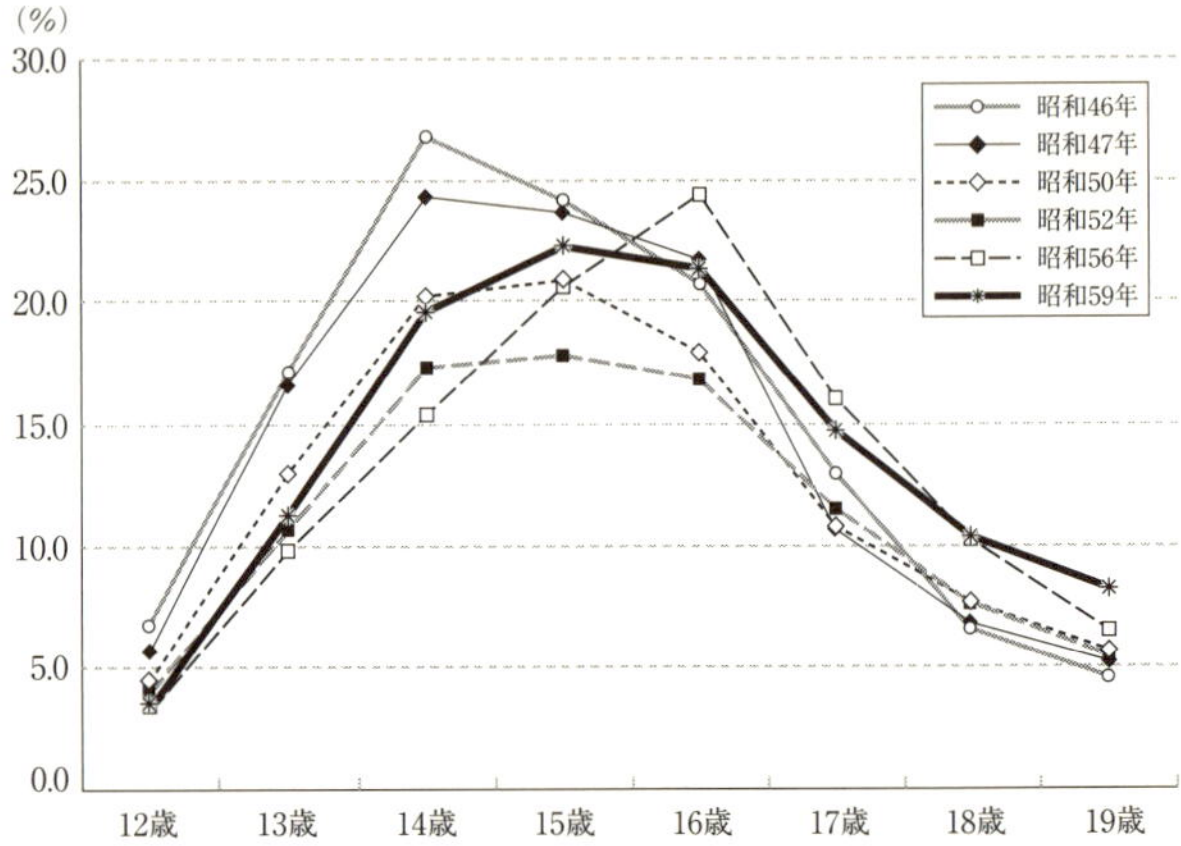

出典）『平成16年版犯罪白書』(2004)による

側にずれ、非行のピークそのものも下降傾向にあることがわかる。つまり、非行は通説とは異なり、全体として減少かつ高齢化しつつあるということである。

近年、少年非行の現場で問題となっているのは、なかなか大人になれない非行少年だ。

新聞などで、中学生や高校生による強盗事件などを目にしたら、見出しだけでなく、じっくり中身を読んでもらいたい。見出しは、「中学生ら」となっているが、主犯は、二十歳前後または二十代の若者であることが多い。たとえば、以下の記事のような書き方である。

〈強盗未遂容疑で中学生ら5人逮捕　沼津署／静岡県〉

沼津署は17日、沼津市と富士市に住む中学3年生からの無職の19歳までの少年5人を強盗未遂の疑いで逮捕、富士市の中学1年の男子生徒を補導した。調べでは、16日午前2時半ごろ、沼津市内の路上で、帰宅途中の市内の店員男性（38）にナイフを突きつけて「金を出せ」と脅した疑い。男性はすきをみて逃げ、けがはなかった。6人は遊び仲間で、容疑を認めているという

（『朝日新聞』静岡面、二〇〇五年九月十八日）

むしろ高齢化する少年犯罪

次頁の**図12**は暴走族の高齢化を示したものである。

西欧諸国と異なる日本の犯罪の大きな特徴は、非行のピークが十五歳あたりに来て、二十歳までに急速に収束していくことにあった。そして、このことが日本の治安が比較的良好とされる要因の一つとされる。

これは、高校中退者であれ、暴走族出身者であれ、社会に彼らの就職を受け入れる受け皿が存在し、二十歳前後になると、暴走族を続けたくても、そろそろ引退の時期だという社会的な圧力が存在していたためである。これは暴走族に限らず、地域の大人・保護司・卒業し

図12　暴走族における成人比率の推移

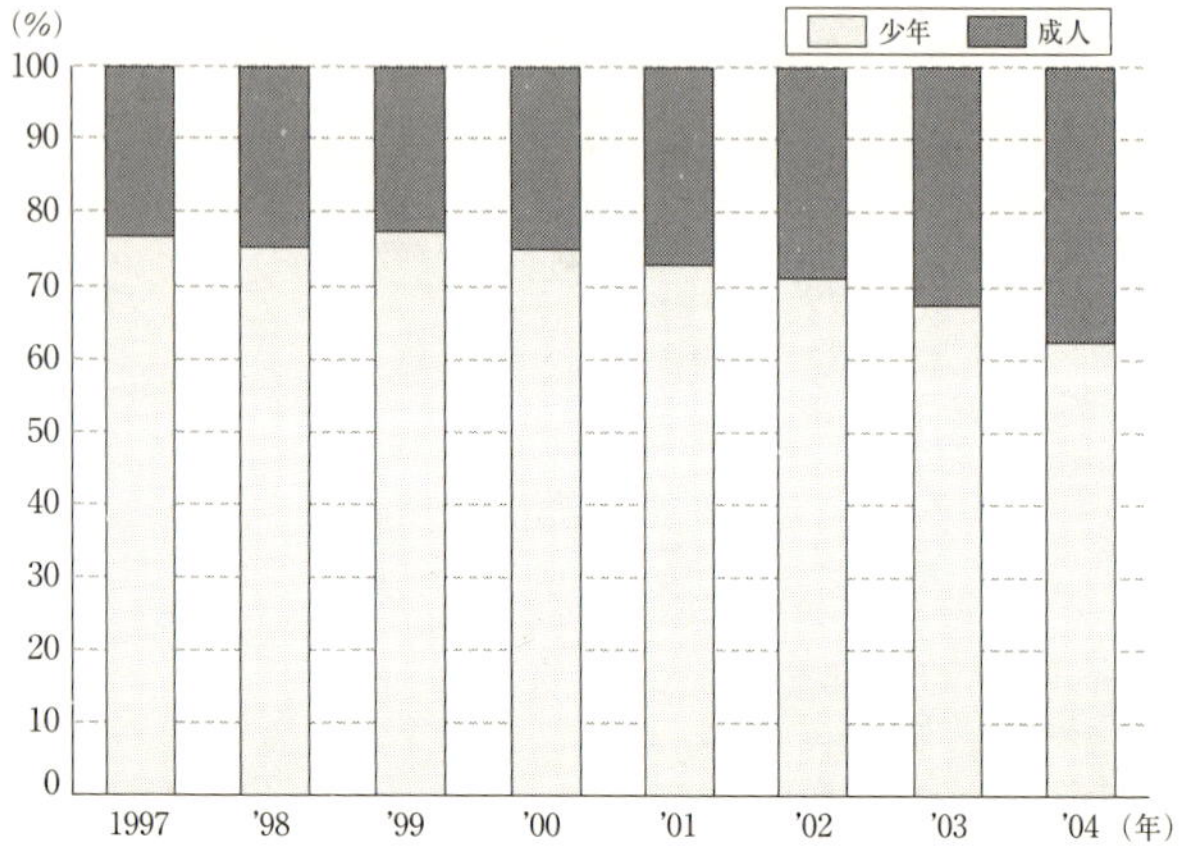

出典）『平成17年版犯罪白書』(2005)による

た中学校の教師などが、二十歳になっても落ち着かない者がいた場合には、就職を世話する機能が社会にあったからでもある。

暴走族であれ、不良少年であれ、二十歳を過ぎたら社会が大人にしていたのである。ところが、最近は、構造改革や公共事業の減少などの影響により、若者の求人構造が変化し、以前のような親方の元に若い者が何人もいるような、左官・大工・解体工・運送といった就職先が減少した。

「早く大人になれ」というメッセージばかりで、実際に彼らを大人にする受け皿が減少し、社会的圧力が十分に機能しなくなっている。その結果、いつまでも大人になりきれない暴走族や地域不良集団の先輩が、後輩とつるんで犯罪を行うという構図が見られるようになってきた。図12を再度よく見てもらいたい、最近の世代になるほど年齢を重ねても非行から足を洗えない者が増えている。

次の記事は、朝日放送のインターネットニュースから抜粋したものである。

〈大阪〉暴走族OBの罰金捻出　強盗を繰り返す

路上強盗などを繰り返していたとして、大阪府河内長野市に住む無職の18歳の暴走族リーダーら少年15人が、強盗致傷などの疑いで逮捕されました。調べによりますと、少年らは去年11月、河内長野市内で、原付バイクに乗っていた別の少年グループに鉄パイプなどで襲いかかり、7人にけがをさせた上、20万円あまりを奪うなどした疑いが持たれています。調べに対して少年らは、「先輩の暴走族OBが罰金刑になると聞き、資金を調達しようと思った」と話しているということです。（朝日放送、二〇〇四年七月六日）

最近は、非行のピークが高齢化し、しかも収束率も低下しているのだ。イギリスなどの欧米諸国では非行・犯罪のピークは十八〜二十歳であり、日本も次第に欧米化しているとも言える。

こうした非行の高齢化の原因である若者の雇用問題を放置して、低年齢化・愛国心教育・法教育による規範意識の涵養ばかりに目が向き、正しい施策がとれなければ将来に大きな禍《か》根《こん》を残すことになりかねない。

いずれにしても、効果のある犯罪対策を実施するには、正しい犯罪分析が不可欠であり、正しい現状分析なくして、正しい解決はありえないのである。

不安には多様なレベルがある

しかしながら、実態はないのにどうして治安悪化神話は生まれたのであろうか。

犯罪不安に関する研究をレビューすると、オーストラリアの犯罪学者グラヴォスキー（一九九五年）が、犯罪不安は大きな経済・社会的な変動が起こっている社会において高まりやすいと指摘している。

日本語では犯罪不安と一口に言うが、英語では不安の強い順に fear of crime、anxiety of crime、concern about crime と表現を使い分けている。

当然、犯罪不安の中身も同じではない。fear of crime、anxiety of crime は「身近な心理的な恐怖」を含んだ意味あいがある。たとえば「暗がりを歩いているときの不安」と考えるとわかりやすい。concern about crimeは「治安が悪化している」といった認知レベルの不安である。

日本の治安悪化神話は、具体的な心理的恐怖を感じる身近な不安というよりは、犯罪が大きな社会問題だと憂慮するconcern about crimeに近いものだと考えられる。

また、刑事法学者の所一彦（一九九〇年）は、「安全感は、『正確には、現実の警察力・警察活動よりも人々に認知されたそれらの水準によって影響される』」と指摘している。

こうした指摘が示唆しているのは、マスコミや警察が、最近の犯罪の凶悪化、それに対応することの困難さ、警察の検挙率の低下等を喧伝することが、人々の安全感を低下させ、犯罪不安を煽《あお》ることになるということだ。

実態と報道のギャップ

私が実施した調査で興味深い結果が二〇〇六年に得られた。この調査は全国を対象とした無作為抽出によって同年に実施されたものだが、二年前と比較した治安状況（犯罪の増減）について、回答者の居住地域と日本全体について同じ質問をしている。

その結果を示したのが次頁の**図13**である。二年前と比較して、自分が住んでいる地域と日

図13　2年前と比較して犯罪が増えたと思いますか？

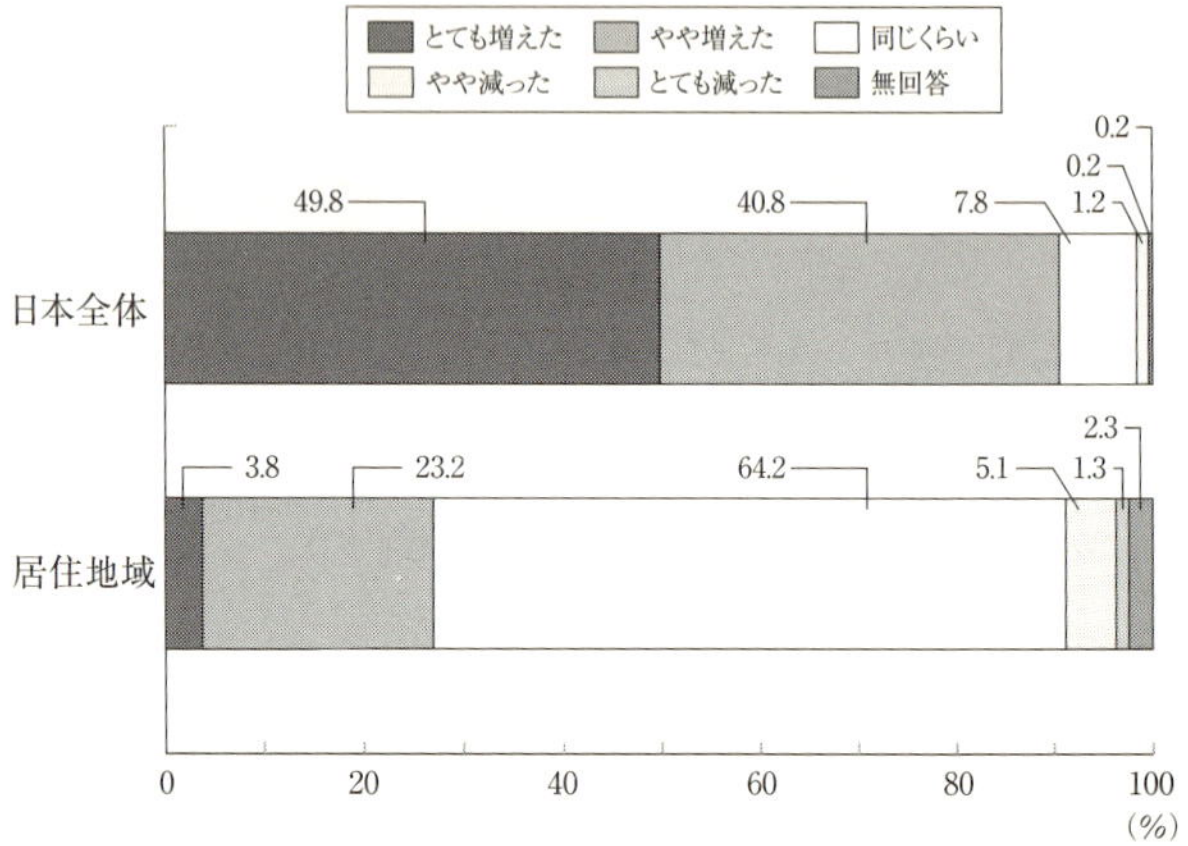

出典）2006年に筆者が実施した犯罪被害調査による

本全体で犯罪が増えていると思うかと聞いたところ、「とても増えた」と回答した者のうち、自分の住んでいる地域では三・八パーセントだったのに対して、日本全体では四九・八パーセントであった。

これは回答者の多くが、「自分の周りでは治安はそれほど悪化していないが、日本のどこかでは治安が悪化している」と感じていることを表している。では、なぜこのようなことが起こるのであろうか。

社会安全研究財団が行った〇一年の調査の結果によると、犯罪に遭う不安を感じる理由について尋ねた質問項目に対して、最も多かった回答が「テレビや新聞で犯罪の報道をよく見るから」の五四・一パーセントであった。

これらを総合して考えると、人々の治安が悪化しているという認識は、「犯罪が増加している」「凶悪化している」「警察だけでは対応できない」といったメッセージを流し続けるマスコミの報道によって、大きな影響を受けていると考えられる。

そこで犯罪統計を、マスコミ報道との関係の中で検討してみよう。

マスコミの報道については、テレビの犯罪報道に関する計量的なデータが入手困難であるため、主として朝日新聞のデータベースである「聞蔵」を使用する。キーワード検索を行い、ヒット件数を記事件数とした。記事内容を分析して件数を修正することも考えたが、その段階で主観的評価が入るため、あえて単純ヒット件数とした。ただし、ランダムな誤差とは言えない、外国の治安状況や犯罪関連など、特別の偏りの発生についてチェックを行っている。

次頁の**図14**は、殺人の認知件数および代表的な事件とともに、「凶悪」＋「殺人」をキーワードとした記事件数について、一九八五年を一〇〇としたときの推移を見たものである。殺人の認知件数は減少傾向または横ばいであるのに対して、「凶悪」＋「殺人」ともに九八年以降、記事件数が上昇し、二〇〇〇年に急上昇していることがわかる。つまり、現実に起きている殺人事件の認知件数とは無関係に、記事件数、つまり報道量が増えているのだ。

しかも、単に「殺人」ではなく、「凶悪」というキーワードを同時に使用している記事件

図14　殺人の認知件数と凶悪・殺人に関する記事件数の推移

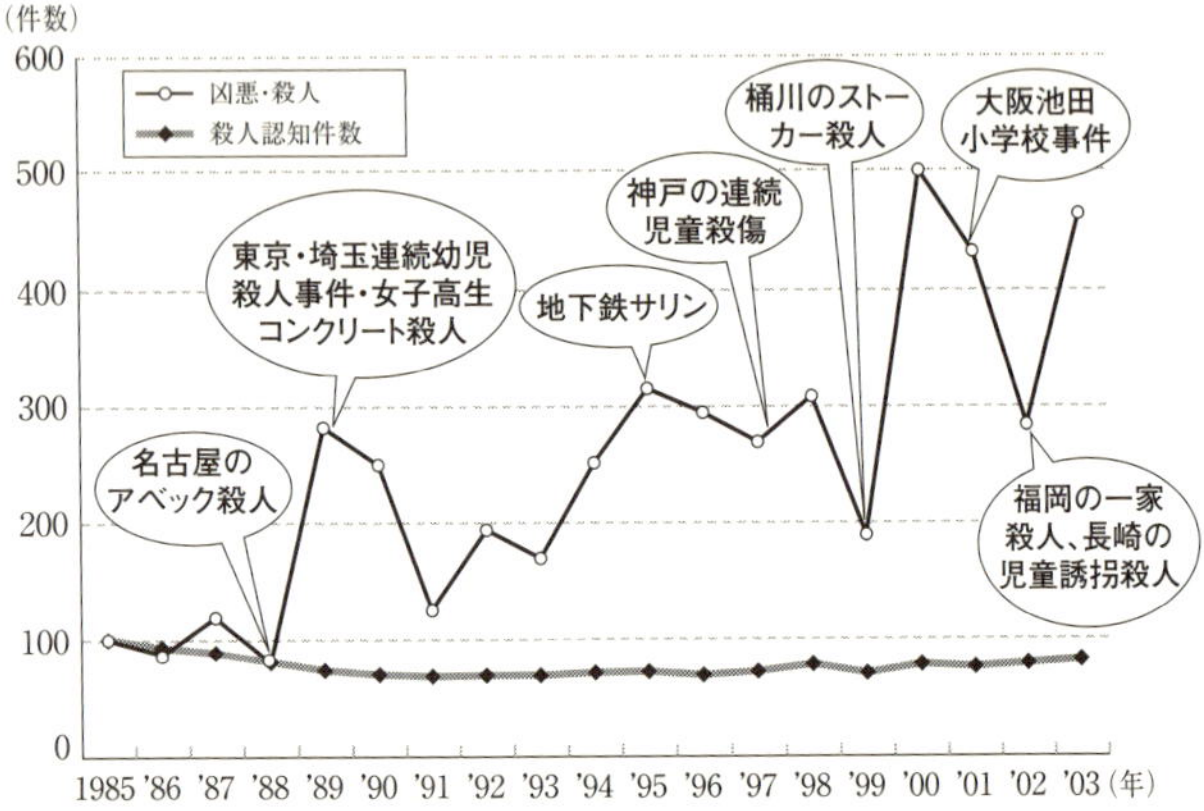

出典）朝日新聞データベース「聞蔵」による。詳細検索、朝日新聞、東京本社、朝刊、本紙に限定検索

注）1985年を100とした場合の指数である

数が増えている。この「凶悪」というキーワードと、図に示したような代表的な事件が結びつき、社会の中に凶悪犯罪のイメージがつくり出されていくのであろう。

これは朝日新聞の東京版朝刊という同一スペースのみに見られる増加であるが、さらにインターネット上のニュース記事など、犯罪を扱う媒体そのものが増加している現状を考えると、犯罪に関する情報の増加率はこのグラフの比ではないと思われる。

犯罪に遭う不安の理由として報道への接触を挙げている者が最も多いが、**図14**に見られるような現実と報道のずれが、人々が現実以上に治安が悪化したと感じ始めた原因の一つではないかと考えられる。

図15　子どもと不審者に関する新聞記事件数の推移

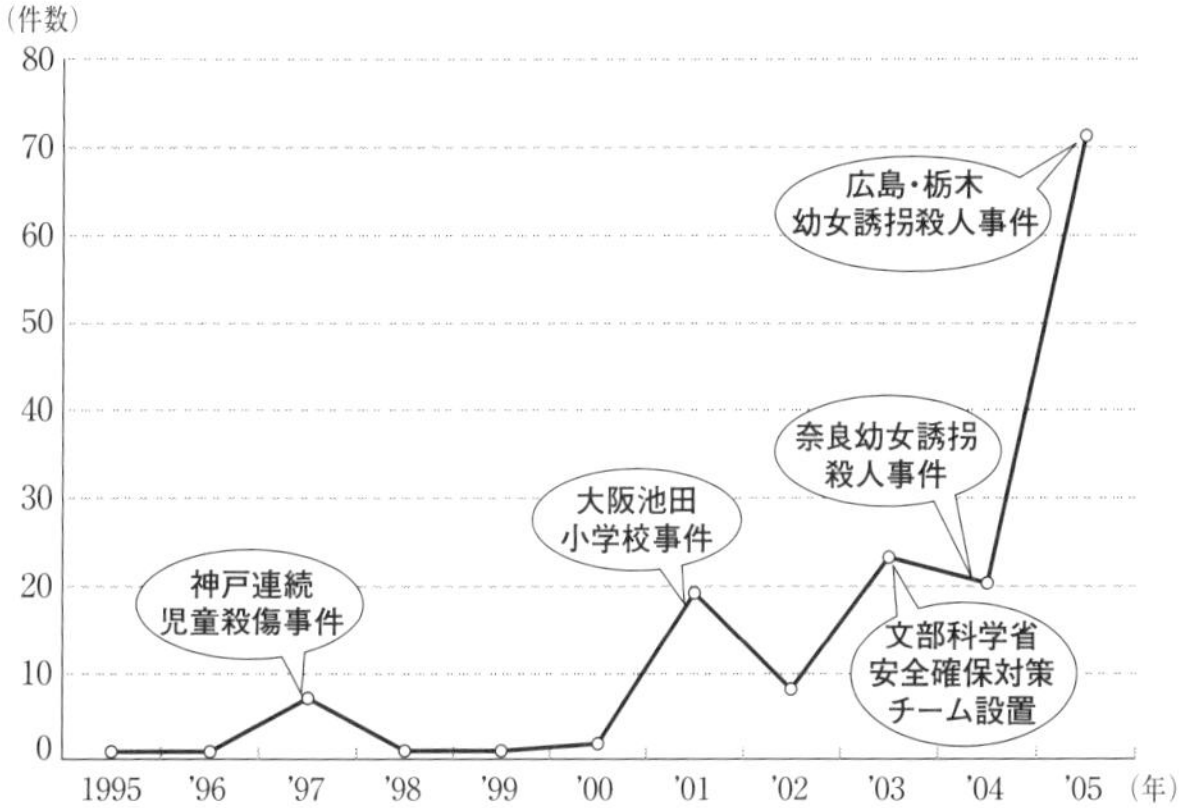

出典）朝日新聞データベース「聞蔵」による。詳細検索、朝日新聞、東京本社、朝刊、本紙に限定して検索。キーワードは「不審者」&「子供」or「子ども」or「こども」or「児童」

ユビキタス社会の犯罪情報

先に、子どもの安全問題に関連して、他殺によって死亡する子どもの数が減少傾向にあることを示したが、これと記事件数を比較したものが**図15**である。子どもの死亡者数は年々減少傾向にある中で、「子ども（子供、こども、児童）」＋「不審者」の記事数は一九九七年ごろから上昇傾向にある。

多くの人が日本で子どもの安全確保が重要な課題だと考えるようになったのも、これらに関連した報道の量によるところが大きいものと思われる。この場合も、特異な事件に引っ張られて報道件数が上昇し、一定の間隔で盛り上がったり沈静化したりしながらも、折れ線の頂点だけでなく底の部分も次第に上昇傾向にある。

人々が治安は悪化したと感じるようになったのは、マスコミによる犯罪報道が、現実の事件とは関係なく九〇年代に入って増加傾向にあること、しかも「凶悪」というキーワードが付される記事増加などによる影響が大きいことが関連していると言えよう。

また、犯罪報道の質と量の変化、特にユビキタス社会の影響も大きい。いつでもどこにいても、日本中で発生した犯罪情報が瞬時に受け手に届けられる。新聞やテレビニュースだけでなく、インターネットや携帯のメール配信による情報アクセスも少なくない。いわゆる不審者情報のメール配信に登録すると、サイトによっては居住地域を越えた事件でも、重大事件に関しては配信が行われる。

以前、昭和三十年代の犯罪についての新聞記事を調べた報道関係者が、北海道で起きた通り魔事件が東京では新聞に載っていないことがあると教えてくれた。近年、私たちはまったく反対に、日本中で起こっている大量の犯罪情報にリアルタイムで接するようになったのである。

メディアがつくり出すコピーキャット犯罪

ところで、これはあまり知られていないことだが、少年非行の多くは、メディア、特にテレビ報道に触発されたものが少なくない。というのも、少年非行や逸脱行動の直接的な動機の一つが「目立ちたいから」という点にあるからである。

暴走族は、よく学校で落ちこぼれた劣等感を補償するために、自分を強く見せようとして、暴走行為に及んでいると解釈される。これはこれで無意識の動機の解釈としてまったく間違っているわけではないが、彼らの表面的な意識としては、暴走族集団が居心地が良く、格好良くて、目立つことができると思っているから加わって走っているのである。

したがって、暴走族による「富士山の初日の出暴走」にしろ、あるいは一部の若者が暴れている「荒れる成人式」にしろ、テレビカメラが控えていて全国に報道されるから、わざわざ集まるのであり、メディアがいっせいに無視すれば次第に人が集まらなくなるだろう。

殺人などの特殊な少年犯罪にも、まったく同じことが言える。一九九七年に発生した神戸の連続児童殺傷事件以降に起きた重大少年事件の加害少年の多くは、神戸事件の加害者を意識し、矯正施設などで自分と「少年A」を比較するコメントをしていることが多い。また、事件直後には、事件に影響を受け動物虐待などを起こして施設に収容された非行少年も散見された。

思春期で精神的に不安定になっている少年の場合、メディアの報道に触発されて犯行に及ぶ者も少なくない。推理小説などで「コピーキャット犯罪」と言われているもので、少年による殺人や放火事件、犯罪行為ではないがいじめによる自殺などがある時期続けざまに発生するのは、メディアによる同種事案発掘の効果と、報道に触発された場合と、二つの可能性のどちらかであることが多いのだ。

モラル・パニックとは何か

以上からわかるように、治安悪化言説の広まりにマスコミが果たす役割は非常に大きい。アメリカの社会犯罪学者であるジョエル・ベスト（一九九九年）は、このマスコミによる犯罪不安の高まりを著書『ランダム・バイオレンス』（直訳すると無差別・暴力）の中で、次のように説明している。ランダム・バイオレンスに対する警鐘が鳴らされる場合には、ハイウェイでの無差別狙撃事件など特定の劇的な事件が、誇張された統計とともに報道され、暴力が社会に蔓延し始めているというメッセージが付け加えられることが多い。

つまり、特殊な事件は社会的な変容の一つの象徴であり、その背景にはモラルの低下など社会の質的な変化によって、社会全体で暴力がコントロールできなくなっているという主張がなされるのである。

この主張は、いつ誰が暴力の犠牲になるかわからないということを暗示し、すべての人がこの問題を自分のこととして考え、取り組む必要があるというメッセージを含んでいる。

日本では、以下のような現象を参照すると理解しやすい。

三菱自動車のリコール隠しが問題となった時には、日本中で三菱製の自動車が走行中に故障した事例が次々とメディアで報道され、シンドラー社のエレベーター事故が問題になれば、同社のエレベーター事故や故障が全国で話題となった。

いずれも、子どもの命が奪われる死亡事故に注目が集まり、関係した会社による事故探しがメディアによって行われ、次々と報道された。その結果、われわれは最近になってそうした事故が急増したという印象を持つようになる。また、こうした事故の原因として個人だけでなく、企業モラルの低下、拝金主義の蔓延が安易に叫ばれる。

また、佐世保で小学生による同級生殺害事件が起きれば、非行の低年齢化が叫ばれ、学級崩壊が取り上げられ、この事件が社会全体、あるいは子どもたち全体が抱える問題の象徴的な事例として扱われる。そして、テレビや新聞等で法律家や精神科医などの識者が、「子どもの規範意識の低下」や「ネット社会がつくり出した心の闇」として騒ぎ立てる。

いずれの場合も、いくつかの特異な悲劇的な事件をきっかけに、メディアが同種の事案を全国から探して報道し、識者が社会の変質を憂えるコメントを示すという構図は同じである。

これらの事故や事件は、背景に構造的な問題があるにせよないにせよ、ある程度の原因が見出されるのは、その後の地道な調査結果によるもので、事故や事件から相当時間が経《た》って判明することが多い。だがその頃には、マスコミの熱は冷めて、一部のドキュメンタリーを除いてほとんど報道されることはない。

このように現実の犯罪発生に関係なく、特異な事件をきっかけに人々のあいだで犯罪が増加し、治安が悪化しているという印象が広まり、犯罪不安が急速に高まっていくような現象は「モラル・パニック」と呼ばれている。

〝鉄の四重奏〟

社会学者マーシャ・ジョーンズ（二〇〇〇年）によると、モラル・パニックは社会の保守的な階層の中での、「社会が蝕《むしば》まれている、社会的な秩序やモラルが崩壊しつつある。このまま放っておくととんでもないことになる。今すぐに手を打たなくては……」という危機感の高まりによって発生し、マスメディアの報道によってそれが市民に浸透していく。

五四ページの**図14**に示したマスコミの報道件数と特異な事件との関係にも表れているが、特異な重大事件が発生すると、マスコミはその事件だけでなく類似事件についても大量の報道を開始する。

そして、事件の加害者が少年であれば、少年の心の闇やモラルの低下が叫ばれ、外国人であれば日本が狙われているといった危機感が誇張されるなど、特定の事件を特異な事例としてではなく、社会全体の歪《ゆが》みの象徴として取り上げていく（前田雅英『日本の治安は再生できるか』、二〇〇三年を参照）。

しかし、犯罪不安が、集中砲火のような報道による一時的なパニックであれば、それはモラル・パニックであり、気まぐれなマスコミの関心が移れば、騒ぎも次第に沈静化に向かうことが多い。昔、大騒ぎになったにもかかわらず、大きな事件を忘れている人も多いと思う。つまり、マスコミが不安を煽ることである種のパニックは発生するが、パニックに実態がともなっていない場合には、時間経過とともに沈静化し、忘れられるのが常態なのである。

一九八〇年代後半の日本でも、東京・埼玉の「連続幼女誘拐殺人」や「女子高生コンクリート殺人事件」など猟奇的で陰惨な殺人事件が続き、その都度、マスコミは少年の変容やモラルの低下などと関連づけながら、一時的に大量の報道を行い、少年法適用年齢の引き下げなどの議論も行われたが、時間とともに沈静化し、次第に人々の脳裏から忘れ去られ、少年法改正など政治の動きはともなわなかった。

ところが、パニックに行政が対応して制度変更を行うと、パニックの原因となった問題は恒常的な問題と認識され、行政的な手当ての対象となるため、社会問題そのものが固定化していくことになる。

ジョエル・ベストは、マスコミ報道によってつくられたモラル・パニックが、市民運動家(支援者等の「アドボケイト」と呼ばれる人々)、行政・政治家、専門家の参加によって、一過性のパニックとして終わらずに、新たな社会問題として制度に組み込まれ、恒久的な社会問題として定着していく過程を分析している。

彼は、これを「鉄の四重奏」(直訳すると鉄の四角形)と呼んでいる。

マスコミが問題を探し出して報道し、市民運動家が社会運動の中でこの問題を取り上げ、政府に対策を求め、行政・政治家がこれに対応して法律等を制定し、医学・法学・心理学などの分野の専門家が、学問的な権威としてこの問題を解釈するという一連の作業が、パニックを超えた恒久的な社会問題をつくり出すとベストは指摘している。

この視点は、治安悪化神話の成立を考える上で、非常に重要である。

犯罪被害者支援が報道と行政を変えた

日本の場合、一九九〇年代後半からモラル・パニックを超える変化が起きたのは、犯罪被害者の「再発見」と言うべき事態と無縁ではない。

もちろん、言うまでもなく犯罪被害者は九〇年代以前にも存在していた。「再発見」という意味は、刑事司法やメディアの中において、ということである。彼らは犯罪の一方の当事者でありながら長いあいだ忘れられた存在であった。刑事司法の中における犯罪被害者の権利や支援に関する問題は、八〇年代から英米を中心とする先進国において積極的な取り組みが開始され、九〇年代に入り日本においても日本被害者学会や警察庁を中心として取り組みが始まった。

日本で動きが大きく変わったのは九六年である。前年に発生した地下鉄サリン事件などを受けて、警察庁が犯罪被害対策室を設けるとともに、先にも挙げた「被害者対策要綱」を策定した。この要綱の目的は、「警察が、被害者の置かれている現状を踏まえ、被害者の視点に立った各種の施策を総合的に推進するに当たっての当面の基本的指針を定めること」であった。

このとき日本もやっと本格的な犯罪被害者対策に乗り出したのである。

そして、これと呼応するように、犯罪被害者を支援するための民間組織が市民、法律家や精神保健の専門家を中心として全国で立ち上がり、九八年には「全国被害者支援ネットワーク」が設立されている。

九〇年代後半の最大の特徴は、重大事件の発生を契機に、単にマスコミが事件を報道するだけではなく、被害者支援の活動家が被害者やその遺族とともに、「犯罪被害は、決して他人事ではない。二度と同じような被害者を出さないために国民全体が取り組まなくてはならない」と、政府に被害者の権利と罰則の強化を中心とした法改正を求め、それに行政・政治家が応じ刑事関係法令の新設、改正が相次いで行われたことにある。

契機となったのは九七年の神戸の連続児童殺傷事件である。

この事件によって、一度消えかかっていた少年法改正議論に火がつき、マスコミだけでなく、政治家をも巻き込んだ流れがつくられた。そして、その中心にいたのが、この事件を含む少年犯罪で犠牲になった被害者の遺族やその支援者たちであった。

少年事件で子どもたちを失った遺族でつくる「少年犯罪被害当事者の会」のメンバーが、当時の法務大臣および自民党法務部会幹部と面会し、「いま英断をもって少年法の欠陥を改正しなければ、日本は犯罪大国になり、将来に暗い影を背負いかねない」と訴え、政治家が少年法の改正に動いたのである（読売新聞政治部『法律はこうして生まれた』、二〇〇三年を参照）。

被害者遺族および被害者支援に関わる専門家たちは、国会においても参考人として積極的に発言し、二〇〇〇年、ついに少年法改正が行われ、少年犯罪者に対する厳罰化が盛り込まれた。

そして、このような動きは大きなうねりとなって広がっていった。

ストーカー規制法の成立や、犯罪被害者保護に関する一連の法改正が行われたのもこの年である。

そして、〇一年、ついに国の罪と罰を規定している刑法が改正され、危険運転致死傷罪が導入され、悪質運転者に対する厳罰化が定められた。

この刑法改正も、被害者遺族が声を上げ、被害者支援者がサポートし、署名を集め、政治家を動かすことで成し遂げられたものである。この法改正の審議過程について国会議事録を調べてみると、交通犯罪の被害者遺族だけでなく、多くの犯罪被害者遺族や犯罪被害者支援者グループの代表者、犯罪被害者支援に取り組んでいる学者が参考人として発言をしている。

ベストが指摘する「鉄の四重奏」をまさにここに見ることができる。

こうした一連の努力が、犯罪やその被害に対する関心（警戒心）・憂慮（concern）を揺るぎないものとしていったのである。

被害者のメッセージ

法社会学者の和田仁孝（二〇〇四年）による分析では、近年、法専門システムに対して、従来の法システムの外にあったはずの被害者感情が入り込むようになって、法システムそのものが変容を迫られている。

和田によると、被害者にとって法廷は、法的な枠組みの中で紛争を解決すべき場ではなく、彼らの思いが正義の主張として裁判官に聞き届けられるべき場であり、真実を追究し、謝罪を求め、彼らの受けた被害を社会にとって意味のあるものとして位置づけようとする場であると指摘している。

だが、こうした被害者の思いが、人々の心に響き、治安に対する危機意識を喚起する可能性があることは否定できない。

法改正がなされることによって、法改正の前提条件の一つである治安悪化が、事実として認識されるということだけではない。一九九〇年代後半から、マスコミの犯罪報道も被害者の視点を中心としたものが増えた。現在、犯罪報道は被害者の視点に立った報道が中心となっている。被害者またはその遺族も警察や支援者に助けられながら、自分たちの存在をアピールするようになったからだ。

被害者や遺族の「二度と同じ悲劇を繰り返さない。事件を風化させてはならない。犯罪被害は決して他人事ではない」というメッセージは、単なるニュースを超えて、人々の心に直《じか》に響いてくるものがある。

ベストは、このような事態を「犯罪現象のドラマ化」と呼んでいるが、被害者を通して犯罪を見つめた時には、その悲惨さが際立って伝えられることになる。私を含めてテレビで被害者遺族の姿を見て「自分が、あの立場だったら」と不安に感じない人はいないであろう。

そして、アドボケイトと呼ばれる人たちは、被害者にとって最も辛い体験が、当該事件の風化にあることを指摘し、事件が忘却されないように行政やマスコミに訴え続ける。

二〇〇四年六月八日の毎日新聞のＷｅｂサイト、毎日インタラクティブでは、池田小学校での連続児童殺傷事件が起こって三年目ということで、犠牲となった遺族のコメントとして、「子どもが思い出になっていくのが、たまらなくつらい」「娘の命に報いる社会になってほしいと願って活動（事件の再発防止を訴えるような講演活動）を続けている」という声を紹介している。

こうした努力が、マスコミの報道にも影響を与え、犯罪による悲惨な被害の実態を浮き彫りにするとともに、繰り返し報道が継続される。

たとえば、神戸の連続児童殺傷事件の加害者が仮退院をするに当たっては、法務省が異例の記者会見をし、被害者遺族がこんな短期間で本当に更生できるのか、一生かかっても償いきれるものではないことを忘れないでほしいというコメントを出し、マスコミに大きく取り上げられた。その他、特異事件の加害者のその後に対する報道は、こうした被害者遺族やアドボケイトの努力の表れでもある。こうした努力が、結果として犯罪報道を量的にも増加させ、質的にも被害の重大さに焦点をあてる結果となっている。

法社会学者の河合幹雄が著書『安全神話崩壊のパラドックス』の中で、安全神話が崩壊した一つの原因は、犯罪の起こる非日常と犯罪の起こらない日常のあいだにあった壁、つまり犯罪は自分たちとは関係のない世界で起こるといった意識が崩れたことによると指摘している。だとすれば、犯罪被害者や遺族の「再発見」は、メディアを通して、犯罪被害の実態、その悲惨さをリアルに、強い感情をともなってわれわれに伝えたという意味で、この壁を打ち壊すことに非常に大きな役割を果たしたと言えるだろう。

ただし、私は治安悪化神話の形成および確立の重要な担い手として、犯罪被害者支援運動を取り上げたが、善意から生まれたはずの活動にも副作用があることを指摘しただけであって、被害者支援やその活動に従事している人を非難するつもりはない。被害者の苦悩を思えば、その存在を忘れることは許されない。

被害者支援は今後もわれわれが取り組んでいかなくてはならない刑事政策上重要な課題であり、犯罪被害者には、被害の深刻さを訴え、加害者を非難する権利が保障されなければならない。

現在、刑事司法は被害者の再発見によって、厳罰化に向かって舵《かじ》取りを行うなど、大きな変革期にある。

しかし、それによって、正確な現状認識が阻害され、厳罰主義だけが前面に出てくるのでは、何の解決にもならない。

問題なのは、治安悪化神話に基づいて、付け焼刃的な治安悪化対策が採られていることである。事実ではなく、神話に基づいているため、冒頭に紹介したように、対策の中身が犯罪を力で封じ込めるための厳罰化、警察力の低下を補強するための警察官増員、および防犯カメラの導入といった短絡的なものとなっていることだ。重要なのは、効果のある対策を採って、将来の犯罪被害を防ぐことである。

厳罰化に効果はあるか

そして、このような動向は、むろん現在まで続いている。むしろ加速するばかりだ。

たとえば、この章を執筆している現在（二〇〇六年九月末）、福岡市役所職員が飲酒運転によって衝突事故を起こし、三人の幼児の命を奪った事件（〇六年八月二十五日）以降、飲酒運転に対する関心が高まり、毎日のように、公務員や地方議員など公的な立場にいる者の飲酒・酒気帯び運転のニュースが報道されている。

テレビニュースでは、「また、公務員による飲酒運転のニュースです」と、ある地検の副検事が飲酒運転をしている女性の車に同乗していたと非難されていた。

全国ニュースである。たしかに、この副検事の行動は非難に値すると思われるが、はたして全国ニュースで流すような事件なのだろうか。

これは現在、飲酒運転が大きな社会問題となりつつある中で、メディアが全国から同種のニュースを集め、情報公開請求を使って、過去の飲酒・酒気帯び運転による公務員の懲戒処分を調べ、次々と報道していることによるもので、今になって急にモラルが低下し、飲酒運転が増えたわけではない。

また、テレビや新聞の報道では、過去に飲酒運転で子どもを亡くした被害者遺族の「なぜ自分たちの悲劇が教訓とならないのか。あと何人犠牲になれば飲酒運転はなくなるのか」などのコメントが流されている。

ワイドショーのコメンテーターたちは、単なる加害者の厳罰や血中アルコール濃度の基準値の引き下げだけでなく、一緒に飲酒した関係者や飲酒を認めた飲食店の処罰も訴えている。間もなく、こうした意見を受けて警察庁や法務省といった行政や政治家が動き出すのかもしれない。

すでに地方自治体では、飲酒運転で摘発された職員に対する厳罰化（原則懲戒免職）を打ち出している。

飲酒運転については、〇一年にいくつかの死亡事故をきっかけに、被害者遺族が署名を集めて法務大臣に提出し、刑法改正によって危険運転致死傷罪が導入された。その後、一見すると交通事故での死亡者数が減少しているように見える。しかし、死亡者数は同罪が導入される五年以上前の一九九六年ぐらいから一貫して減少傾向にある。また、同罪が成立・施行された〇一年の年末直後の月別死亡者数は、前年と比較して減少していない。交通事故による死亡者数の長期的減少は、警察庁の統計（平成十七年中の交通死亡事故の特徴及び道路交通法違反取締り状況について）にあるように、むしろ、シートベルトの着用や車の安全設計の向上などの影響が大きいと考えるのが自然である。

さらに、同統計を使用して前年と比較した月別死亡者数で見ると、〇二年六月の改正道路交通法の施行にともなう飲酒運転取り締まり強化の直後に死亡者数の大きな減少も見られるなど、短期的な効果だけを見ても刑法の厳罰化よりは、道路交通法改正と連動する取り締まり強化による効果のほうが影響は大きい。

このように、危険運転致死傷罪の抑止効果に対する科学的検証がないにもかかわらず、現在、さらなる厳罰化が議論されている。

ちなみに、交通事故による死亡者統計の推移を見る上では、統計の取り方にも注意が必要である。警察庁の統計によると〇一年の交通事故死亡者数は、八七四七人であるのに対して、厚生労働省の人口動態統計では、一万二三七八人となる。これは、死亡者のカウントの仕方が異なるためである。警察統計では、事故後二四時間以内に死亡した者が死亡者数にカウントされる。

厳罰化に犯罪抑止効果のないことは、最先端の犯罪学では常識になりつつある。厳罰化によって職や家族を失い、ホームレスや犯罪者になる危険性のほうがずっと大きいのである。社会にとって、かえってリスクが高まる結果となるのだ。

治安悪化神話の解消を

しかしながら、治安悪化神話に対して、われわれは何をなすべきなのであろうか。

イギリス内務省では、犯罪の低減とは独立したものとして、犯罪不安の低減を内務省の取り組むべき重点課題としている。つまり、客観的な治安レベルが回復したからといって、人々の不安が解消するわけではないということを国の機関が認め、それに対する対策を講じようとしているのだ。

日本においても、おそらく治安悪化神話の解消のためには、まず治安悪化の根拠となっている犯罪増加について正確な情報提供を行うこと、警察に対する信頼感を回復することなどが重要だと思われるが、同時に治安悪化神話の生成および確立に大きな役割を果たしているマスコミ、市民活動家、行政・政治家、専門家の「鉄の四重奏」の絡みを一つ一つほどいていく必要がある。もちろん犯罪被害者に対する支援は強化した上でである。

本章では統計の分析を中心として、治安悪化というのが神話でしかないこと、そしてそのような神話を支え、日々再生産している構造を明らかにした。

2章　凶悪犯罪の語られ方

芹沢一也

宮崎勤から始まった

宮崎勤の連続幼女殺害事件が「現代的犯罪」の始まりだった。これまで幾人もの言論人たちがそう語ってきた。それはたとえば、社会学者の大澤真幸による次の文章のごとくにだ。

今、振り返ってみると、あれが、不可解な連続殺人の端緒であった。宮崎勤による連続幼女殺害事件こそが、20世紀末期の日本で次々と起きた、十代後半から三十代までの比較的若い者たちによる、なんとも動機が不可解な、しかし非常に陰惨な殺人事件の最初のものだったのだ。

（『M／世界の、憂鬱な先端』文庫版解説）

オウム真理教事件（一九九五年）、酒鬼薔薇聖斗《さかきばらせいと》事件（九七年）、バタフライナイフ事件（九八年）、てるくはのる事件（九九年）、西鉄バスジャック事件（二〇〇〇年）、池田小学校事件（〇一年）……、世紀をまたいで次々と起こった「なんとも動機が不可解な」殺人事件。宮崎事件はこうした事件が出現してくる時代の端緒を開いたというのである。

それだけではない。宮崎の事件は同時に過剰なまでの時代的意義をも担わされてきた。大澤真幸は先の文章に続けてこう述べている。

この事件が起きた1988年から1989年は、時代の転機、国際的にも国内的にもまさに転機であった。国際的には、1989年は、東欧の社会主義諸国の体制が連鎖反応的に崩壊し、実質的に冷戦が終結した年である。国内的には、事件は、昭和天皇が病に倒れ、死去した時期に重なっている。（『M／世界の、憂鬱な先端』文庫版解説）

宮崎事件は犯罪史においてひときわ輝かしい光芒を放つのみならず、このように時代についての語りをも呼び寄せてしまう事件なのだ。

とはいえ、ここですぐさま疑問が生ずる。

犯罪史を繙《ひもと》けばすぐにわかることだが、かつても「動機が不可解な」事件はいくつも起こっていたからだ。

社会はつねにそうした事件を経験してきた。たとえば宮崎事件の十年前、一九八〇年前後に目を向けても、世田谷少年祖母殺し（七九年）、三菱銀行猟銃強盗殺人事件（七九年）、新宿西口バス放火事件（八〇年）、予備校生金属バット殺人事件（八〇年）、パリ人肉嗜好食事件（八一年）、深川通り魔事件（八一年）など、その背景や動機が常識的にはとても理解できない事件が、それこそ毎月のように起こっている。

つまり、単に不可解であることのみをもって、宮崎事件を現代的犯罪の始まりだと見なすことはできないはずなのだ。

ところが、評論家の芹沢俊介が発した次の言葉のように、「あらゆる現在の不可解な犯罪の原点に宮﨑勤事件がある」（『宮﨑勤裁判　下』文庫版解説）と語られてきたのだ。

一体なぜ、宮﨑事件は不可解な現代的犯罪の原点だと見なされるのか、そして過剰なまでの時代的意義を背負わされようとするのか。数多《あまた》の言論人たちにそれほどまでに事件を評価させてきた力学は、どのようにして生じたものなのか。

狂乱の報道合戦

事件を振り返ってみよう。

一九八八年の八月から十二月にかけて、埼玉県で立て続けに三人の幼女が行方不明になった。一人は杉林の中で全裸死体として発見され、別の幼女はその白骨が段ボールに入れられて自宅前に置かれた。残忍な犯行に世間が騒然とする中、朝日新聞社に「今田勇子」の名で犯行声明文が届けられる。次いで一ヵ月後、今度は告白文が届けられた。

メディアは色めき立った。犯罪学者や心理学者・精神科医、あるいは作家・評論家たちが動員されて、犯人像をめぐって推理ゲームが開始される。こうした中、今度は東京都でさらに一人の幼女が行方不明になり、そして埼玉県で頭と手首、両足を切断された遺体が発見されると、推理や謎解きは一層、熱を帯びていった。

このように社会が騒然とする中で、八九年七月、宮﨑勤が別件の強制わいせつで逮捕される。そして、宮﨑が幼女殺害の犯行を自供すると、さらには漫画家、写真家、劇作家、エッセイストなどが参入し、この「どこにでもいそうなネクラな青年」のメンタリティを読み解こうと、十人十色のさまざまな解釈が入り乱れた。

メディアはあたかも狂乱したかのごとく、かつてない報道合戦を繰り広げたのである。

もちろん、この事件は犯罪史上、稀にみる猟奇事件だったのだから、メディアが競って報道を繰り広げ、識者たちが動員されてコメントを発するというのは、現象としてはとくに異様なことではない。

問題はそれが時代の象徴として語られるような事件とされるのは、一体なぜなのかだ。

大騒ぎとなったあの部屋

発端は、犯行自供後にテレビカメラで映し出された彼の「部屋」だった。

万年床の蒲団が敷かれ、四台のビデオデッキに二九インチのモニター、壁には一面にビデオとマンガが堆《うずたか》く積まれた、まるで要塞のような部屋が公開された時、宮﨑勤は一つのイメージ、一つのレッテルへと結晶した。

「おたく」である。

事件は当時未だ耳慣れなかった「おたく」という言葉とともに語られるようになっていく。ちなみに、当時の週刊誌では「『おたく族』とは」として、「アニメやパソコン、ビデオなどに没頭し、同好の仲間でも距離をとり、相手を名前で呼ばずに『おたく』と呼ぶ少年たちのこと。人間本来のコミュニケーションが苦手で、自分の世界に閉じこもりやすい」と説明されている（『週刊読売』一九八九年九月十日）。

この「おたく」というレッテルこそが、宮﨑勤を単なる一人の犯罪者以上の存在にし、彼の事件に時代の象徴としての意味をもたらしたのだ。

そして、それは同時に流布した二つの語られ方を通してであった。

一つは次のような文章に見られるごとく、宮﨑勤を異常な存在として語ろうとするものである。

テレビで見た被疑者の部屋には、アニメなどのビデオがたくさん、きちんと並んでいた。相当な収集マニアで、粘着性気質がうかがえる。社交性がなく、内にこもるタイプで、性的はけ口を求めて、アニメや少女趣味に走ったのだろう。

空想が高じて幼女にいたずらし、さらにエスカレートして殺人まで犯した。遺体をバラバラにして捨てながら、隠す様子もなかったのは、犯罪をゲームのように考えていたのだろう。

（木村駿『朝日新聞』八九年八月十一日）

それに対して、もう一つはまったく反対に、宮崎を凡庸な存在として語ろうとするものであり、典型的なのは次のような文章だ。

まったく宮﨑勤という人物は今の時代のある病を濃縮して結晶させたような人物で、（誤解をおそれずにいうなら）あきれるほどに「個性」が感じられない。

ある意味では、宮﨑勤というのはあまりにもわかりやすい人物像である。虚構の世界に逃避し、耽溺し、あげくのはてには虚構の世界と現実の世界の境界線を見失い、倒錯してしまう。……

現代人の代表的な病の一つと言っていい。(中野翠『サンデー毎日』八九年九月三日)

一方では異常な趣味や性癖の持ち主として語られながらも、他方では時代の病を体現した凡庸な人物でしかないと語られる。異常な存在だとして異質性は高められるが、しかしながら同時にそれが凡庸な現代の若者だとされていくのである。

異常と凡庸、この二つの相反する語られ方が、宮崎事件をめぐる語りの力学をかたちづくったのだ。そして、この力学において生じたこと、それは宮崎勤を異常な存在に仕立てあげながら、同時にそれを社会のうちに飼いならすことであった。

この力学のなかで宮崎勤の異常性は、消費すべき娯楽として社会に供されることになる。


「宮﨑勤、それは私だ」

このような力学は、事件をめぐって最も精力的な発言をした評論家、大塚英志の言動にもよく現れている。にわかに信じ難い読者は多いかもしれないが、宮﨑勤が逮捕された直後、大塚は宮崎の擁護に乗り出したのだ。

その頃、メディアではロリータ趣味の雑誌やビデオの氾濫と結びつけながら、「おたく」たちが危険な犯罪予備軍として括《くく》り出されて、「いきなり宮崎みたいなレベルまで突っ走るのは特殊な例にしても、『宮崎予備軍』は相当数いるでしょう。いわゆる『オタク』といわれる連中がそうです」（酒田浩『週刊文春』一九八九年八月三十一日）などと語られていた。

そうした中、同じ共通の文化的な感受性を培ってきた同世代の若者として、大塚はメディアに断罪されようとしていた「おたく」的な感受性を救い出そうとした。

　万が一、青年が犯人であったとしても、やはりぼくは彼を擁護し続けるつもりだ。……彼がオタク少年であるが故に幼女を殺したのだと世間が非難するなら、彼とぼくの感受性の間にどんな差異があるのか自分では全くわからないぼくは、彼を擁護する。
　ＴＶに映し出された彼の部屋の本棚にはぼくがかつて編集した単行本の背表紙がちらりと見えた。ぼくが最初に編集者として足をふみ入れた雑誌のバックナンバーも並んでいた。彼がぼくの読者であった以上、ぼくは彼を守ってやる。
（「大塚英志のフィールドワーク⑩」『新文化』八九年八月十七日）

「彼とぼくの感受性の間にどんな差異があるのか自分では全くわからないぼく」、つまりは「宮﨑勤、それは私だ」というわけだが、このような一見、奇特に見える振る舞いもまた、宮﨑を社会に飼いならそうとする力学の現れの一つだった。

そこには「この事件は非常にワクワクするさまざまな要素をもっている」(『密室』)という発言に窺われるように、事件を饒舌《じょうぜつ》に語りたいとする好奇な欲望をともなっていた。現に、大塚はこの後、誰よりも事件について雄弁に語ることになる。

宮﨑事件の周囲に発生した力学は、「語ることの快楽」と言うべきものを生み出したのである。

そして宮﨑が法廷に登場した時、言論人たちのこのような好奇は最高潮に達し、その饒舌に拍車がかかる中で、事件は現代的犯罪の原点として祭り上げられていったのだ。

饒舌な言論人たち

だが、言論人たちの好奇心の高まりをよそに、事件の公判で検察側が描き出した宮﨑勤は、そっけないほどに「普通の青年」であった。提示された犯行のストーリーも、以下のごとくきわめて単純なものであった。

女性に強い関心を抱いていたが、障害による劣等感もあって話しかけられず、成人の女性を相手に性的欲望を満たすことはできなかった。その代償として抵抗力のない幼女を誘拐し、性器を弄《もてあそ》びたいという欲望を満たしたのだが、連れ去った以上は帰すわけにはいかないから、殺意をもって絞殺したというものである。

検察のストーリーでは、宮﨑勤は時代を画するどころか、単に一人の気弱な性犯罪者でしかない。

ところが、こうした凡庸なストーリーに対し、まず宮﨑本人が異議を申し立てた。罪状認否において宮﨑は、誘拐の意思も殺意もなかったとした上で、性的欲望に駆られてという目的すら否定した。そして宮﨑はこう述べたのだった。「全体的に、醒めない夢を見て起こった」。しかも、一人の幼女の両手を焼いて食べたと、何ごとでもないようにつけ加えたのだ。

性的欲望なく幼女たちを陵辱し、殺意を抱くことなく惨《むご》たらしく殺害し、さらには遺体の一部を焼いて食した。そして、それは「醒めない夢」の中での出来事だった。かくして、宮﨑自身が凡庸な性犯罪者であることを否定したのだ。

芹沢俊介は、後にこの時の衝撃を次のように振り返っている。

どう考えても詭弁としか思えないこの主張が強いリアリティをもって私たちをとらえたのだった。一九八八年から八九年にかけて起きた宮崎勤の犯罪は、時代精神が思いがけない場所へと移行していることを告げようとしていたのだった。

(『宮崎勤裁判　下』文庫版解説)

すでに饒舌な好奇の対象となっていた宮崎に対して、言論人たちはその発言を詭弁だと切り捨てることはできなかった。それどころか、そのリアリティのなさこそが、反対に強烈なリアリティをもって言論人たちに迫り、そして宮崎勤を語ろうとする欲望に拍車をかけたのだ。

当時、この事件について発言した言論人たちは、足並みをそろえるかのように一斉に検察の示した凡庸なストーリーに反発した。あたかも宮崎の意を汲《く》もうとするがごとく、事件を凡庸な性犯罪に押し込めることに抗《あらが》った。

そして、凡庸な性犯罪者から宮崎勤が引き離された時、その空隙《くうげき》にきわめて魅惑的な問いが宿ったのだ。

もし性的欲望によるものでないとするなら、しかももし殺意がまったくなかったとするならば、四人もの幼女を弄び残虐な手口で殺害したこの猟奇性は、一体どこから生まれたというのか。この疑問は次の問いに凝縮された。

「宮﨑勤よ、お前は一体何者だ？」

宮﨑事件をめぐる語りは、つねにこの問いの周囲を旋回していた。裁判においてさまざまな異様な行動が、たとえば遺体を陵辱し、頭部や手足を切断し、そして手首を食べ、血を飲んだことが明らかになる中で、「宮﨑とは何者か」という問いへの関心は膨れ上がるばかりだった。

常識的にはまったく理解し難い異様な犯罪者を前に、言論人たちの好奇心は最大限に掻《か》き立てられて、事件は果てのない饒舌の対象となったのである。

後に精神科医の香山リカは、「宮﨑勤が逮捕され、その部屋の映像が全国に放映されたあの日から、私たちは『さめない夢』の世界に引きずり込まれ」たと事件を振り返る（『夢のなか、いまも』解説）。

だが、より正確には、宮﨑が口にした「醒めない夢」の迷宮の中に、言論人たちは自発的に飛び込んでいったのだ。

その刺激的な迷宮の中で、言論人たちは競い合うかのように解釈ゲームを繰り広げた。そして数多の解釈が入り乱れたが、宮崎の事件は決して一つの像を結びはしなかった。皆がみな、英知を結集して解明すべき事件だとして語ったが、そうした饒舌の中で逆に事件は不可解なものになっていったのだ。

現在から振り返れば、あたかも事件を不可解なものにしようとする力学が働いていたごとくにだ。

だが、それこそが重要だったのである。

宮崎事件をめぐって生み出された語りの役割とは、まさにこの事件を「不可解な犯罪」として時代の象徴に仕立て上げることにあったからだ。

仕立て上げられた事件像

最初の問いに、結論を出そう。

宮崎事件が現代的犯罪の原点だと言われるのは、常識的には理解できない不可解な犯罪こそが、現代社会に特有なものだと考えられるからである。だからこそ、宮崎事件こそは現代的犯罪の先駆けだとされるのだ。宮崎勤のような犯罪者の出現とともに、私たちは犯罪の現代史に突入したというわけである。

だが、こうした見方ほど間違ったものはない。すでに述べたように、過去にも不可解な事件はいくらでもあったからだ。この時初めて、不可解な事件が起こり始めたわけでは決してない。

そうなると答えは一つである。

「異常で不可解な事件こそが時代を象徴している」と、この時期に広く考えられ始めたということなのだ。つまり不可解な事件の中にこそ、時代性を見出そうとする社会に移行したこと、それこそが宮崎事件とともに起こったことだったのである。

こうして、事件の不可解さを時代の病理として解読せねばならないと、言論人たちはさまざまに解釈ゲームを繰り広げた。宮崎勤をキャンバスにして、彼らは時代の自画像を描き始めたのだ。かつてこの事件ほど、多くの文字を費やして情熱的に語られた事件はなかった。

アニメやビデオ、テレビゲーム、コミックといった、当時の先端的な現象であった「おたく文化」との関連が語られたかと思えば、人格障害や多重人格といったこれもまた新奇な言葉が踊る宮崎の精神鑑定が、『ＦＢＩ心理分析官』のようなノンフィクションや『羊たちの沈黙』のような映画のヒットによって高まっていた、異常心理への関心という時代の最先端とシンクロさせられた。

あるいは、高度成長によって地域社会が空洞化し、軋《きし》み始めた共同体の病理が露呈した事件だと語られもすれば、メディアに囲まれた環境に育った若者世代に特有の家族や社会との断絶だとか、そのような自閉から現実社会へ出て行くことに失敗した事件だと解釈された。資本主義の高度化による家族の崩壊、ないしは変容の表現だというのもあった。

宮﨑事件はこのように、つねに時代との連関の中におかれてきた。その時どきに言論人たちは、まるで宮﨑のような異常な犯罪者の出現を言祝《ことほ》ぐかのように、饒舌に快楽をもってその事件の意味を嬉々として語ってきた。こうした異常で不可解な事件こそが、私たちが生きる時代の現代性を象徴しているのだとしてだ。

人びとは娯楽のごときものとして事件を消費した。宮﨑勤という怪物は、未だ真の怪物ではなかった。それは社会の玩具、あるいは「愛玩動物」にすぎなかったのだ。

だが、饒舌な快楽を与えてくれたこの「醒めない夢」が、やがては白日の悪夢に変わっていく。まるで犯罪で楽しんだ代償を支払わねばならない時が来たかのように。

それは、少年犯罪をめぐる語りの中で生じた。

酒鬼薔薇事件の衝撃

一九九七年五月二十七日、数日前に行方不明になっていた男児の生首が真一文字に切断されて、神戸市にある中学校の正門前におかれているのが発見された。両目のまぶたの上からナイフで×印に切られた跡があり、そして耳まで切り裂かれていたその口には、二枚の紙がくわえさせられていた。血に染まった紙片は警察への挑戦状であり、赤い文字で「酒鬼薔薇聖斗」と署名されていた。

さあ、ゲームの始まりです　愚鈍な警察諸君、ボクを止めてみたまえ
ボクは殺しが愉快でたまらない　人の死が見たくて見たくてしょうがない
汚い野菜共には死の制裁を　積年の大怨に流血の裁きを
SHOOLL KILL　学校殺死の酒鬼薔薇

挑戦状の内容が公表されると、メディアはまたも推理ゲームに熱中した。いつものように、推理作家・犯罪学者・精神科医・心理学者などを動員して、さまざまに犯人像を描き出した。

そこでは「学校殺死の酒鬼薔薇」という言葉から、学校に恨みを持つ人間の犯行だと推測された。また、その文面の完成度から知能の高い大人の犯人像が描かれたり、あるいはテレビドラマなどからの影響も取り沙汰されたりした。十代後半から三十代までのおたく的な思考の持ち主という犯人像が語られもした。

識者たちが挑戦状の内容をめぐって解釈合戦を繰り広げていた中、六月四日、「第二の声明文」が神戸新聞社に届く。

「殺しをしている時だけは日頃の憎悪から解放され、安らぎを得る事ができる。人の痛みのみが、ボクの痛みを和らげる事ができるのである」などという文章、あるいは「一週間に三つの野菜を壊します。ボクが子供しか殺せない幼稚な犯罪者と思ったら大間違いである」という無差別殺人を示唆した文章が、見えざる殺人犯の影に怯えていた地元住民をさらなる恐怖の淵へと追いやった。

異例の大捜査体制が敷かれていたが、一ヵ月以上経過しても、一向に犯人が逮捕される気配はなかった。事件は長期化するとの見方が濃厚になりつつあった。そうした中、突如、六月二十八日、緊急記者会見が行われ、警察は容疑者を逮捕したと報道陣に報告した。

そして、社会はかつてないほどの衝撃を受ける。

逮捕されたのは十四歳の少年だったからだ。

少年はほかの連続通り魔事件についても自供。事件は神戸連続児童殺傷事件となった。それは異常としか言いようのない犯行であった。六年生の少女ふたりを背後からショックハンマーで襲撃した。それから一ヵ月も経たないうちに、今度は四年生の少女の頭部を金槌で殴りつけて、脳挫傷で死にいたらしめ、しかもその一〇分後には、すれ違いざまに別の少女の腹部をナイフで突き刺している。さらにその二ヵ月後に、顔見知りの小学六年生の男児を絞殺し、その首を金ノコで切り落とし、口に挑戦状を加えさせて、自分が通う中学校の校門の前にさらしたのだ。

少年Aをめぐる解釈合戦

ところが、未だ少年であるという理由によって、多くのメディアはほとんど反射的に少年Aへの共感を示した。年齢と犯行の重大さとのギャップが、そのような凶行に少年を追い込んだ事情は何かと、メディアの関心を振り向けたのだ。たとえば次の雑誌記事に見られるようにだ。

なぜ、少年Aは残虐極まる「酒鬼薔薇聖斗」になったのか。いや、彼が14歳だということを考えると、誰が少年Aを「酒鬼薔薇聖斗」にしたのか、と言い直したほうがいいだろう。これはそういう「少年事件」なのだ。……現場の街を歩くと、少年が抱え込んだ「心の闇」にべったりと染まっているかのようである。……

思わず叫びたくなった。

本当に悪いのは、日本という国ではないか。ここまで腐敗しきった日本が、「酒鬼薔薇聖斗」を生み出したのではないか。（『サンデー毎日』一九九七年七月二十日）

十四歳の少年による犯行だと判明して以来、「この国のすべての人々は〃なぜ〃という言葉を反芻《はんすう》することになる」。宮崎事件を契機に、時代の象徴に据えられるのは不可解で異様な事件となったが、神戸事件もまた同じ力学のもとにおかれた。「酒鬼薔薇聖斗は我々が抱える問題の化合物といえる存在」だとされたのだ（『神戸事件でわかったニッポン』）。

宮崎勤の時とまったく同じように、ここでも特異な事件が時代論とともに語られていく。社会、教育や文化といったテーマが、言論人たちによって次々と事件に重ねられたのだ。

「神戸事件は決して他人事ではない」とする少年への共感のかけ声とともに、この時も彼らは競うように饒舌にさまざまな解釈を語った。費やされた文字数は宮崎事件を凌駕《りょうが》するはずだ。

酒鬼薔薇聖斗もまた、社会が饒舌な快楽を楽しむ「愛玩動物」となったのである。アメリカの未解決事件「ゾディアック事件」や、漫画『瑪羅門の家族』などからの引用をちりばめた犯行声明文の中に、意味ありげに躍っていたさまざまな言葉、「透明な存在」「ぼくには国籍がない」「人の痛みのみが、ボクの痛みを和らげることができる」などの言葉をめぐって、少年Aの心象風景がこれもまた意味ありげな解釈を施された。

そうかと思えば、ホラービデオマニアだった少年Aへのメディアやサブカルチャーの影響が語られ、あるいは同じ九七年に爆発的なブームとなった『新世紀エヴァンゲリオン』の主人公・碇シンジが十四歳であったことから、両者を関係づけるような「文化論」も展開された。少年Aと碇シンジを「透明な存在」というキーワードで理解しようとする言論人もいれば、現実と虚構の混同といったお約束の話をする言論人ももちろんいた。

また、神戸市須磨区のニュータウンという居住空間の均質性と無菌性を、高度成長期の終焉《しゅうえん》によって失われた「家庭幻想」と絡めて滔々《とうとう》と論ずる言論人がいたかと思えば、どのような犯罪にもつねに顔を突っ込む精神科医の「診断」も相変わらず健在だった。彼らの口から零《こぼ》れ落ちる「快楽殺人者」「サイコパシー」「反社会性人格障害」などといった診断が、なんの検証もなしに一見、真面目であるようでいて、その実面白おかしくメディアの上に躍った。

議論は教育問題へ

そのような饒舌の中でも、学校教育の問題についてだけは、ここで真剣に検討する価値がある。なぜなら、それこそが少年犯罪を社会と関連づけてきた常套《じょうとう》的な主題だったからだ。

少年が犯行声明に「透明な存在」「義務教育に復讐を」と書いていたため、少年の逮捕後取材の向かう先は学校教育に集中した。少年が学校への反発を強めたのは、友人を殴って、けがを負わせたのを教師から厳しく咎《とが》められ、「お前みたいな子は卒業するまで学校に来るな」と言われたことがきっかけだった、少年は「学校に仕返ししてやる」と仲間に語っていたと報道される。

その結果、批判の鋒先《ほこさき》は学校に、ひいては教育制度そのものに向かっていったのである。

今から振り返れば信じられない読者も多いかもしれないが、酒鬼薔薇聖斗は学校教育の

「犠牲者」だとされたのだ。たとえば、精神科医の野田正彰による次のような文章に見られるように。

今回の事件は、子供たちの精神の空虚を物語ってあまりある。決められた知識の習得、受験用の勉強、内申書のための素行、子供たちは、狭い軌道のなかでの適応のみを強いられている。表面的に適応していれば、心の内は空虚でもかまわない。……私たちは今回の事件を通して、子供たちの精神状態が極限まできていることを知らされた。大学受験に集約される教育システムを変えることしか、殺され傷ついた子供たちに謝る道はない。

（『気分の社会のなかで』）

抑圧的で管理的な学校教育の中で、子どもたちは窒息状態にある。それゆえ、教育制度を改革せねばならない。

こうした議論は神戸事件を待つまでもなく、一九八〇年代以来、校内暴力やいじめなどの問題の発生とともに、すでに数多の言論人たちによって論じられてきていた。神戸事件もまた、同じ議論の延長でとらえられたのだ。そして、登校拒否やいじめ、生活管理などといった学校問題が事件に読み込まれ、少年Aは教育制度批判のための「根拠」として活用された。

論客・宮台真司

そうした中にあって、神戸事件をめぐって誰よりも精力的に発言した社会学者の宮台真司は、教育制度批判の文脈で最もラディカルな議論を展開した論者だろう。それゆえ彼の言説は時代を象徴させるに足る価値を持つ。

宮台は次の文章に見るがごとく、当時、頻発していた「自殺予告による脅迫で学校行事を中止させる」事件の流れに神戸事件を位置づけ、その「新しさ」に注意を促した。

過去二十年間を振り返ってみても、八〇年代前半の「校内暴力」問題（あるいはその直前の「家庭内暴力」問題）、八〇年代後半からの「イジメ」問題など、中学生の「学校化ストレス」と何らかの関連があると思われる問題は、ひっきりなしである。

ところが、自殺予告脅迫が新しいのは、親や教師や生徒といった個別の人格ではなく、学校そのものを敵にしている点だ。学校化ストレスに駆られる少年たちが、いよいよほんとうの敵は学校そのものだと明確に自覚する。そうした流れのうえに今回の事件はある。

（『まぼろしの郊外』）

このように述べる宮台の「新しさ」は、敵対関係を先鋭化させることによって、教育制度批判をかつてないほどラディカルなものにしたことだ。学校という制度そのものを明確に敵と自覚した少年たちという、危機的であり、かつ批判的でもある舞台設定の中で、神戸事件は宮崎事件以上の壮大な時代的意義を担わされるのだ。

宮台が語ったのは、次のようなストーリーだった（『まぼろしの郊外』）。かつて高度経済成長期には、今日よりも明日はより豊かな生活を送れるという夢とロマンを与えてくれた「家族幻想」があった。その家族幻想とは、この時期普及したテレビで放映されていたアメリカのホームドラマへの憧れによって支えられていた。しかし、七〇年代後半に高度成長が終焉を迎えるとともにそれは色あせ風化した。目標を失い空洞化した家族は、この時「子どもの教育」に新たな価値観を見出していく。その結果、家族も、そしてその集合としての地域も、すべてが「学校教育」のもとに価値観の一元化がなされていく。

だが、バブルの崩壊とともに、今度は家族にとって最後の価値観の拠り所であった学校教育が、有用な人材、「社会のために働く立派な大人」を養成するという社会的な意義を失う。

この時、家族も学校も単なる「ハコ」にすぎなくなったのだが、相変わらず子どもたちに無根拠な服従を強いている。かくして、夢も人生の意味も与えられない家や学校で、子どもたちの自己は当然、空しくなり、子どもたちは「透明化」していった。

このように語る宮台にとって、神戸の事件は「家族幻想、学校幻想というものが崩壊した果ての出来事」にほかならない(『透明な存在の不透明な悪意』)。そして幻想の崩壊の果てで、自らを透明化させている敵をはっきりと自覚したのが、酒鬼薔薇聖斗だったというわけである。

ダーティー・ヒーローとされる酒鬼薔薇

しかも宮台によると、あろうことか同世代のきわめて大きな割合が、酒鬼薔薇に共感を示していた。「透明な存在」という言葉が若者世代に広く共感を呼び起こし、一部の少年たちのあいだでは酒鬼薔薇がダーティー・ヒーローとして記憶され、声明文は聖典として語り継がれようとさえしているというのだ。

それゆえ、状況はもはや危機的だとされる。なぜなら、少年Aのような「透明な存在」たちのストレスは、今や臨界点を越えようとしているからだ。そのような共感の基盤を解体しなければならない。少年Aの「犯罪を後押しし、あるいは正当化のロジックを与えている『透明化』のメカニズムを解除しないと、確実にまずい事になる」（『まぼろしの郊外』）。

このような議論は、非行や逸脱行為を拠点になされてきた教育制度批判の、いわば集大成とも言うべき趣きを持つ。そこに示された時代観は、かつてないほど壮大なものに見える。戦後日本社会があたかも破局を迎えようとしているのような響きすら帯びている。

事件が孕《はら》む社会批判のためのポテンシャルが、こうして最大限に引き出されようとしたのだ。「成熟社会が必然的に孕む困難について真正面から議論する『セカンド・ステージ』に到達するためにこそ、私たちは、酒鬼薔薇事件を徹底して『利用』すべき」だと叫ばれながら（『透明な存在の不透明な悪意』）。

単に一人の少年の手による特殊で猟奇的な事件が、かくして社会批判の「ダシ」として最大限に活用された。

「普通の子」が突然キレる

ところが、このように少年犯罪が活用される中で、皮肉なことに次第に少年たちが不気味なものへと変容していく。批判すべき社会を改革するための「ダシ」として、決して口答えなどするはずもなかった愛玩動物たる少年Aが、批判者のコントロールを超えて「怪物」へと成長するのだ。

それは黒磯事件の発生を契機としていた。

一九九八年、神戸事件の余燼《よじん》未だ冷めやらぬ中、栃木県黒磯市で女性教員刺殺事件が起こった。授業に遅刻して、休み時間に注意された中学生が、女性教師をナイフでもって刺殺したこの事件は、当時、メディアで大きくクローズアップされた。猟奇性においては比べようもなかったが、事件が持った社会的な意味合いは、酒鬼薔薇事件を凌《しの》ぐものがあったと言ってよい。

それは二つの言葉の組み合わせによるものだった。一つは「キレる」、そしてもう一つは「普通の子」だ。

黒磯事件とともに、「事件を起こした少年は普通の子だった」という物言いが一斉になされ、「普通の子」という表現が流布していった。それと同時に、今の子どもはキレやすいというイメージが瞬《またた》く間に広まった。その結果、昨今の少年事件は「普通の子が突然キレる」ためだとする論調が突然、支配的なものになったのだ。

中学生によるナイフを使った殺人や傷害事件が相次ぐ中、「キレる中学生たち」という表現をもって少年事件が大々的に報道されていく。すべての中学生が今にもナイフを持って襲いかかってくるかのようなイメージが一人歩きする。そして、普通のどこにでもいる少年たちが、あたかも犯罪予備軍であるかのような眼差《まなざ》しが成立した。

この時である、少年全体が危険な存在として捉えられ始めたのは。

理解不能な「怪物」たち

こうした事態に共振するかのように、宮台真司という最もリベラルな社会批判者であった言論人の言説の中で、少年Aがもう一つの相貌を露《あら》わにしていく。

実は酒鬼薔薇は理解可能な「広義の社会性」と、理解不能な「脱社会性」という二面性を帯びていたと宮台は論じ始めた。理解可能な社会性とは、義務教育に対立する「透明な存在」の敵意であり、アンチというかたちで社会と関係を結ぼうとする建設的な批判性である。それに対して、理解不能な脱社会性とは、社会的な理由などなく、単に人を殺すという行為にほかならない。

そして、酒鬼薔薇を支持する少年たちの中には、単なる人殺しとしての酒鬼薔薇に共感を覚える者たちがまじっているのだという。そのような共感にはもはや社会性の片鱗《へんりん》も見られない、端的に理解不能なメンタリティである。そして、キレる中学生たちの出現は、今やそうしたメンタリティが不気味に広まりつつあることの証左であると、宮台は次のごとく語ったのだ。

キレる中学生たちが、尾崎豊あるいは酒鬼薔薇聖斗の声明文ばりに、「もう一つの学校や社会」を提案するような、反社会性という名の「広義の社会性」を帯びているかと言えば、否。端的に「脱社会的」である。……彼らは人を刺したくてスタンバっている。何でもいいからナイフで刺す理由が与えられるのを待っている。まさしく「脱社会的」状態。そんな状態に置かれた一部の中学生は、「学校のここが気にくわない」などと嫌悪するほどにも社会の「中」を生きていない。

（『終わりなき日常を生きろ』文庫版あとがき）

もはや社会の中には生きていない「脱社会的」な少年たち。
宮台は「脱社会的存在」という言葉をもってこう論じた。社会というのが他者とのコミュニケーションによって関係がつくられる場だとするならば、社会を離脱した彼らはもはやそうしたコミュニケーションを生きることはない。だから、脱社会的な少年は人とモノの区別がつかないし、あたかも自動販売機でコーヒーを買う気楽さで人を殺す。だが、「彼らと、こちら側にいる人間との間に、共通感覚はほとんどない。だから理解可能性も、コミュニケーション可能性もない。従って、保護更生の可能性もない」(『学校が自由になる日』)。

それはもはや何の社会性も持たない、言葉本来の意味での「怪物」である。キレる少年たちへの恐怖が少年全体へと浸透していく中で、あたかもシーソーの傾きが一瞬にして変わったかのように、リベラルな言論人の言説の中でも少年たちが怪物化していった。

教育制度を改革するための「劇薬」のはずだったものが、社会そのものを脅かす「毒薬」になってしまったのだ。

この時、教育制度批判の「ダシ」としてのポテンシャルが、突然、汲みつくされてしまったがごとく、少年たちは学校教育の犠牲者としての相貌《そうぼう》を失った。かつてのように教育の犠牲者として少年に共感を示すようなスタンスは突然、時代遅れの古臭いものになったのだ。少年たちの心情を汲もうとする熱情が急に枯渇し、社会は少年たちに背を向けるようになっていく。

こうした傾向はもはや不可逆なものであった。メディアでは少年犯罪が花形記事となり、

「少年犯罪の凶悪化」「社会性を失った少年たち」「キレる若者」など、少年たちは理解不能な怪物のごとく扱われていた。

この時、社会は少年を理解しようとする意思を捨てたのだ。

一転、言葉を失う社会

そして、二〇〇〇年には十七歳の少年による事件が相次ぐ。「人を殺してみたかった」と見ず知らずの老主婦を殺害した豊川市主婦殺害事件、「神戸に行って子どもの王国を築きたかった」と高速バスを乗っ取り、乗客を殺害した佐賀バスジャック事件などが起こると、社会の少年犯罪に対する厳しい眼差しは決定的なものとなった。

現象としては1章で浜井が述べたように、コピーキャットによる犯罪連鎖に過ぎなかった。だが、メディアも、また「脱社会的存在」を唱えた宮台をはじめとする多くの言論人も、少年たちに何か根本的な変容が起きているかのように見なした。

「ささいな原因から衝動的に殺人にエスカレートする」「不可解な動機の事件が相次いでいる」「少年の『心の闇』が見えない」……。こうした類《たぐい》の見出しが、メディアの紙面を幾度も飾る。

かつて不可解な犯罪に饒舌な快楽を楽しんでいた社会は、一転して少年たちの不可解さに恐怖を覚えるようになったのだ。こうした様子を、二〇〇〇年に出版された雑誌『宝島』の巻頭言はしっかりと捉えている。

やることなすこと、大人の想像力をはるかに超越した突飛な事件が連鎖しているのは確かだ。

しかし、彼らの起こす事件は、なぜ異様に映るのだろうか。十代の男の子であれば、それが性的なものであれ、暴力的なものであれ、耐えず生々しい欲望を抱えているのは歴史の常である。不謹慎を承知で言えば、逆ギレした少年が残虐な殺人に走る例は珍しくない。異様なのは、むしろ大人たちの側の狼狽ぶりである。あらゆる少年が、今やフランケンシュタインの怪物さながら、誰も近づこうとはしない共同体の「腫れ物」と化してしまった――。

（『少年はなぜ人を殺せたか』Introduction）

ここで少しだけ時計の針を戻してみよう。

一九八九年、宮﨑勤が逮捕された年、綾瀬で女子高生コンクリート詰事件が起こっている。

アルバイト帰りの高校二年生の女性を十六歳から十八歳までの五人の少年たちが拉致し、四〇日以上にもわたって監禁する中で陵辱の限りを尽くし、そして殺害した事件である。少年たちの犯行は「野獣の所業」と断罪され、「野獣には人権はない、少年法で守られる必要はない」と、極刑を求めるのがメディアの論調であった。だが、当時にはそのような野獣的な犯行をも理解しようとする感性が、未だ多くの言論人のあいだにあったのだ。たとえば、評論家の岸田秀による次のような文章のごとくに。

事件を考えてゆくと、犯人が犯罪を犯すに至った個人的背景、さらにその背後の広く社会的な背景が見えてくる。犯人たちは決して凶暴な人非人ではなく、けだものでもなく……、むしろきわめて人間くさいのである。彼らがもっていたような衝動は決してわれわれに無縁ではない。あるいは少なくとも、われわれは同じような衝動をもっていないとしても、彼らと同じような状況におかれたならば、もったかもしれないものである。

（『浮遊する殺意』）

少年たちが怪物化する中で失われたのは、あるいは決定的に時代錯誤なものとなったのは、このような感性にほかならない。

そして、人びとが犯罪を娯楽として楽しんでいた「醒めない夢」は、いつ少年たちに襲われるかもしれないという「白日の悪夢」に変容したのだ。

犯罪被害者遺族への注目

多くの言論人たちが「醒めない夢」の中で解釈ゲームを楽しみ、その果てに怪物化した少年たちという悪夢に行き着こうとしていた時、夢からいち早く目を醒ました人びとがいた。

犯罪被害者遺族たちである。1章でも浜井が行政とメディアの中での犯罪被害者の再発見を述べているが、ここではその経緯を言説分析の観点から振り返ってみたい。

「全国犯罪被害者の会」代表幹事の岡村勲は、日本弁護士連合会（日弁連）のシンポジウムで被害者の権利確立を訴えた。その講演の中で、弁護士として加害者の権利を守ることこそが生涯の職務であり、そして使命である、そこには一点の疑いもなかったと、かつての自分のことを次のように振り返っている。


私は昭和三〇年に弁護士になりました。新しい憲法ができあがってから、まだ四、五年しかたっておらず、基本的人権の擁護を中核とする憲法の美しさに陶然とし、かつ、それに魅せられて弁護活動を行っておりました。……私にとって、加害者、被告人の権利を守るということは、生涯の職務だと思っておりました。……憲法の枠組みが国家による加害者に対する弾圧を防ぐというところに弁護士の使命があるということは、一点の疑いも抱きませんでした。

(『犯罪被害者の声が聞こえますか』)

だが、そうした信念が根底から崩れ去る事件が岡村を襲った。

一九九七年、岡村の妻が宅配を装って自宅に侵入してきた男に殺害されたのだ。犯人はかつて山一證券に金銭を違法に要求し、九一年に恐喝未遂で懲役二年、執行猶予四年の判決を受けていた。その時に山一證券の代理人として、男の違法な要求を拒否する手紙を送ったのが岡村だった。それを逆恨みした男が、岡村の妻を殺害したのである。

被害者遺族の立場におかれた時、かつて一点の曇りなく信じていた風景が一変した。「被害者、遺族という身になり、被害者の立場で憲法の裏側を見ることになった」時、「そこで見た世界は、表で見た、美しい人権保障の世界とはまったく違った地獄の世界」だったという(『犯罪被害者の声が聞こえますか』)。

そこにあったのは、加害者と被害者に対する、国の対応のあまりにも大きな、そしてまったく理不尽な格差だった。

加害者は憲法や刑事訴訟法で数多の権利が認められている。だが、被害者にはまったくと言っていいほど何の権利もなかった。たとえば、事件の真相を知るために公判記録の閲覧を望んでも、加害者には与えられている閲覧権が被害者にはない。

あるいは、法廷で加害者が被害者の名誉を傷つけるどんな虚偽の発言をしようとも、そこで被害者は詰問することも、反論することも許されていない。自分の罪を被害者になすりつけるために、加害者は自由に発言できるのに、被害者やその遺族は一切、法廷で反論ができない。

しかも、加害者には国選弁護報酬や食料費・医療費・被服費のために、国が三〇〇億円もの金額を支出しているのに、犯罪被害者に支払われているのは遺族給付金・障害給付金としてわずか五億円程度にすぎない。被害者が負わされた傷のために病院を探し、医療費や介護費、生活費で苦労している時に、加害者は医療病棟で国費の世話を受けているのだ。

加害者が制度的に手厚く保護されているのに、同じく当事者であるはずの被害者やその遺族たちにはまったく関心が寄せられていない。犯罪被害者運動と伴走しているジャーナリストの藤井誠二の言葉を借りるならば、彼らは「棄民」としか形容のしようがない状況におかれてきたのだ。

最も犯罪被害者を苦しめたもの

かくして岡村は社会に向けて声を上げねばならなかったのだ。

こんなに馬鹿にされて、日本の国籍がないような状況に置かれた被害者を放置していいのか。被害者は生き抜くのに必死でした。声があげられませんでした。あげれば、おまえも何かあったろうといって、好奇の目でみられる。じっと我慢して(絶句)。もう我慢することはない。我々は何も悪いことをしたのではない。大声で叫びましょうということで、一月二三日に犯罪被害者の会を作りました。そこで次々と寄せられた意見は、まさに地獄絵そのものでした。

(『犯罪被害者の声が聞こえますか』)

地獄の世界を経験せねばならなかった被害者たちが声を上げた時、社会と犯罪との関係にラディカルな地殻変動が起こる。

時代を画する事態を探し求めるべきは、犯罪被害者の登場なのだ。そしてその震源は、ここでも少年犯罪であった。なぜなら、被害者を蚊帳《かや》の外におく法や制度、あるいは社会の問題が、最も集約して現れていたのが少年犯罪だったからである。

少年の健全な育成を掲げる少年法は、加害少年を保護のベールで幾重にも包み込んでいた。検察官の出席が認められない審判では、非行事実を正確に究明するよりも、少年に必要な保護を判断することが優先された。少年法の目的は罪に対する応報ではなく、あくまで傷ついた少年を立ち直らせる更生のためのサポートにあったからだ。

それゆえ、加害少年をめぐっては何より更生が重視されるために、更生に悪しき影響を与えかねない事柄はすべて徹底的に排除されていた。氏名や顔写真、住居など加害少年が特定される報道は一切、規制されてきたし、また審判は衆人環視の中で少年が萎縮しないようにと完全に非公開であった。

そうした中、たとえわが子を殺害された被害者であっても、審判の傍聴が叶《かな》わなかったばかりか、審判記録を閲覧し謄写する権利すらなかったのだ。身内を殺した少年の名前すら知ることができなかった被害者遺族もいた。

少年事件の被害者は、当事者であるのに完全に蚊帳の外におかれていた。

少年犯罪が地殻変動の震源となったのはこのためである。加害少年の保護にのみ配慮するこの少年法という法制度において、加害者と被害者の利害の対立が最も先鋭化したからだ。

あまりに正当な訴え

そして、それは社会の関心の在《あ》り処《か》にあっても同様だった。

たとえば、酒鬼薔薇聖斗を学校教育の犠牲者として描き出し、言論人たちが饒舌な解釈ゲームに興じていた時、当事者である遺族の土師《はせ》守にそれはどのように映っていたのか、そのことを土師は後に次のように記している。

少年はなぜあの犯罪に走ったのか。少年の心の闇を理解しよう。学校教育が、少年をあそこまで追い込んだ。少年を更生させるのには、どうしたらいいか。その主張や意見は、問題は少年そのものにあったのではなく、少年を取り巻く学校や社会にあった、というものでした。それはそのまま、少年への「同情」へと流されていきます。——A少年は、歪んだ教育、そして病んだ社会の被害者なのです。一見、耳に心地よいこの意見は、しかし、私たち被害者にとって耐えられるものではありませんでした。

(『淳』)

神戸事件をめぐって、言論人たちはそれぞれの立場から、さまざまな見解を語っていた。だが、それらは加害者のほうにしか顔を向けてはいないという一点において、被害者の立場から見ればすべては同列におかれるものでしかなかった。

少年は歪んだ教育の、そして病んだ社会の犠牲者である。長いあいだほとんど疑われなかった、あるいは疑念はあっても表向きのタテマエとして通用してきたこの理念が、犯罪被害者の登場によって初めて根底から動揺したのだ。

被害者たちの訴えは、あまりに正当なものであった。

少年の人権、犯罪者の人権擁護を唱えるあまり、本当に守るべき真の人権を社会全体が見失っているのではないか。最初に社会全体で守っていかなければならないのは、普通に、そして平穏に暮らしている一般の人びとのはずではないのか。

こうした訴えが、次第に大きなうねりをかたちづくり、少年法改正につながっていったのだ。

牽制された厳罰論議

しかしながら、実はこれまでも凶悪な少年事件が起こるたびに、少年法を改正すべきだとする声が幾度も上がってはいた。しかし、それはつねに一過性のものに終わり、事件の風化とともに改正論議も退潮していた。

それは神戸事件の時も同様だった。

逮捕直後、事件への人びとの怒りを代弁するかのように、梶山静六官房長官が厳罰化論議の口火を切った。「凶悪犯罪者がその年齢によって刑事罰の対象とならないということではたして抑止力になるのか、社会的な正義が保てるのか」。少年法は十六歳未満の少年事件を検察官送致することを認めていなかった。つまり、十四歳であった少年Aに刑事罰を科すことはできなかった。梶山発言はこうした法制度を批判したものだった。

ところがこの時は、厳罰化論議を牽制する発言が相次いだ。「感情論で軽率な方向を出さないほうが良い。法務省は少年保護の観点を重視する立場だ」と松浦功法相が反発。また、法務省・最高裁・日弁連の法曹三者の意見交換会でも、「ただちに改正論議に導かれるものではない」という意見で一致した。

日弁連の鬼追明夫会長（当時）は記者会見し、「事件は社会全体が病んでいることの一つの表れではないか。このことを改正に結びつけるのは短絡的だ」と批判。少年の弁護団は「今回の事件はきわめて異例。再発を防止する目的で厳罰化の方向で法改正する必要はない」

と声明を出した。

そして、医療少年院送致という決定によって、神戸事件は一応の幕が引かれた。遺族の土師守は、文面で処分決定への心境を公表した。

犯人の少年は、純粋で疑うことを知らない私たちの子供を殺害しただけでは足らず、さらに酷《ひど》いことをしたのです。そのように残酷な犯罪を犯しながら、犯人が十四歳の少年という理由だけで、犯した罪に見合う罰を受けることもなく、医療少年院にしばらくの間入所した後、前科がつくこともなく、また一般社会に平然と戻ってくるのです。

社会はこの時まだ、「醒めない夢」の微睡のうちにあった。

酒鬼薔薇聖斗が未だ社会の愛玩動物として、言論人たちによる解釈ゲームの対象であり、あるいは学校教育の犠牲者として、教育制度批判の「ダシ」であったこの時点では、被害者遺族の声は法制度の改革には結びつかなかった。

そもそも、この時期には犯罪被害者への社会的な関心は、まったくと言っていいほどなかったのだ。西日本新聞の記者は次のように語っている。

「犯罪被害者の人権」「被害者支援」――今でこそ、新聞紙上で頻繁に出てくる言葉だが（注・一九九九年六月に書かれた文章）、西日本新聞が一九九八年一月から紙面でキャンペーンを展開する前は、わが編集局の記者でさえ初めて耳にする記者が少なくなかった。それくらい犯罪被害者をめぐる状況は、社会の中で関心は薄かったのである。

（『犯罪被害者の人権を考える』「発刊にあたって」）

メディアを変えた犯罪被害者

こうした無関心を打ち破るために、犯罪被害者たちは立ち上がり、自ら行動を起こしていった。メディアに代弁されるのではなく、遺族自らが声を大きく上げ始めたのである。少年法の改革をめざして、真相を知る権利と罪への正当な応報を求めて闘った。そしてふたたび藤井誠二の言葉を借りるなら、「少年による凶悪犯罪の被害者やその遺族から噴き上がった慟哭は、メディアを駆けめぐり、政治を動かし、世論を形成していった」のだ（『少年に奪われた人生』）。

このような被害者たちの運動は、次第にジャーナリストたちの目を覚ましていった。

「自分が『気づかなかった』ことに二重の衝撃を受けた」

朝日新聞の記者である河原理子は、あたかも、突然、夢から目を覚ましたがごとくに、犯罪被害者の存在とその状況に気づいた時のことを、このように振り返っている。「多くの新聞記者は、事件や事故の取材から仕事を始める。被害者に接したことがないわけではない。それにもかかわらず気づかなかった……」と（『〈犯罪被害者〉が報道を変える』）。

そして、河原はかつての関心の在り処を、次のように告白する。

正直に言おう。そのころの私にとって犯罪被害者の人々は取材したいと強く思う存在ではなかった。殺された人に関心が向くより先に、「加害者はなぜ、こんな事件を起こしてしまったのだろうか」という謎解きに夢中だったのだ。……私にとって、無残に殺されたり、体も心も傷つけられた被害者や家族は「本当に気の毒だな」と同情はしても、すぐに忘れてしまう存在であり、その立場に思いをはせることは本当に少なかったと思う。（『〈犯罪被害者〉が報道を変える』）

かつては事件の謎解きに夢中だった。そのような関心の中では、被害者はまったく後景に退いていた。だが、彼女に限らずメディア全体が、あるいはそれを読む読者が、まったく同じように加害者にしか関心を向けていなかったのだ。事件は解釈ゲームを消費するための、あくまで娯楽の一つでしかなかったからだ。

だが、犯罪被害者の活動とともに、そうした状況は変わっていった。かつてとは打って変わって、メディアは犯罪被害者にこそ目を向け始めたのだ。芹沢俊介が指摘するがごとく、それはまったく「新しい事態」である。

わが子を喪った自分の悲しみを語る。……いまの遺族の方たちはきちっとそれを言葉にしていくことができるようになった。その背景として、遺族が語る場面をマスコミが何が何でも用意しようという動きがある。つまり、被害者の声をとらない限りは報道にならないというような、犯罪報道のいまのスタンスがあります。

その中で、被害者の家族の発言がクローズアップされてきた。これは新しい事態です。

（『殺し殺されることの彼方』）

「殺された人間」への共感

こうしてメディアの関心は転換した。

かつて「殺した人間」に好奇心を刺激されていたメディアが、「殺された人間」に共感を覚えるようになったのだ。そして、被害者が主人公の座を占めるようになるとともに、少年事件の背景を探ろうとする報道は影を潜める。被害者に感情を移入するのと入れ替わりに、社会を脅かす加害少年を糾弾するような記事が増えていく。

加害者から被害者への共感の移行と、少年の怪物化はパラレルな現象だったのだ。

事件の謎解きへの欲望があって初めて、不可解な事件は好奇心を刺激する。だが、加害者への共感とともにそうした欲望が失われれば、不可解な殺人事件は単に不気味なだけである。そして、不可解な犯行動機に怯えを喚起されて、少年たちはメディアの中で怪物化していったのだ。

この時、社会は教育的な関心などかなぐり捨てて、怪物と化した少年たちの厳罰を望むようになった。

二〇〇〇年、「全国犯罪被害者の会」が結成される。折しも、犯罪被害者に対する公判の優先的傍聴権、公判記録の閲覧・謄写権を柱とした「犯罪被害者保護二法」案が国会で審議されていた。日本の刑事訴訟法において、初めて「犯罪被害者」という立場が明記されたこの法案の審議をきっかけに、法制度改革を討論するシンポジウムが開催され、被害者の悲惨な実態を伝える報道が盛んになされた。

こうした流れの中で二〇〇〇年、少年法の改正がついに実現したのだ。これまで何度も挫《くじ》かれてきた少年法改正が、この時になって初めて実現したのは、少年たちが怪物化すると同時に、社会の共感が被害者に移ったためだ。被害者の権利確立を求める動向と、少年に対する社会の厳罰感情が絡み合い、加害者と教育というパラダイムのもとにあった社会が、被害者と厳罰というパラダイムに移行したのだ。

そして犯罪の現代史へ

その時、社会は少年へのかつての寛容さを捨てて、被害者感情をいわば「正論」として振りかざす声が高まる中、厳罰感情ばかりが肥大化していった。恐怖と憎悪は表裏一体だ。不可解な少年事件が娯楽から恐怖の対象へと変容する中で、社会は犯罪に怯え憎悪するようになっていくのだ。

そして、社会は新たな怪物たちに直面する。

世紀をまたぐと、怪物的な凶悪犯罪者の出現を前に、社会はもはやかつてのような好奇心などを覚える余裕をなくす。

もちろん、メディアのスキャンダリズムは健在だ。猥雑《わいざつ》とも言うべき好奇心に駆られた記事は、依然として書き続けられてはいる。だが、そこには共感などというものはありえないし、住民たちにとっては怪物に襲われないことが最大の関心事となる。

犯罪者ははっきりと恐怖の対象となっていくのだ。

私たちが犯罪の現代史に突入したのは、この時期にほかならない。

転換点となる池田小学校事件

このような転換を印しているのは、宅間守の池田小学校事件だ。

二〇〇一年六月、出刃包丁をもった宅間守が、大阪教育大学附属池田小学校に侵入した。そこで宅間は、後に大阪地裁判決において「我が国犯罪史上例をみない、空前の、そして願わくは絶後の、凶悪重大」犯罪と言われる凶行に及ぶ。子どもたちが授業を受けていた教室に次々と乱入し、無差別に包丁で突き刺していったのだ。学校はパニックとなった。夢中で逃げ惑う子どもたちと、包丁を手に執拗に追いかける宅間。低学年の児童八人が病院に搬送されたが、出血多量などで死亡した。ほかにも児童一三人と教員二人が重軽傷を負った。

小学校という聖域での無差別殺人。

もちろん、なぜこのような事件が起きたのかをめぐって、メディアは動機や事件の背景を競うように報道した。宅間の過去もこと細かく掘り起こされた。だが、そうした動機や過去をもとに、もはや饒舌な解釈ゲームは行われなかった。おそらく、以前であれば社会や時代の語りに豊富な話題を提供しただろうが、犯罪者に共感を失った社会にあっては、そこからかつてのような時代論や社会批判などが紡《つむ》ぎ出されはしなかった。

娯楽からセキュリティへ

代わって宅間守の事件において語られたのは三つのテーマだ。それはきわめてリアルなものである。法制度の批判、異常者という眼差し、そしてセキュリティの強化だ。この三つのテーマこそが、現在、犯罪の語りを支えているものなのだ。

第一に法制度批判。

この事件によって措置入院制度、つまり責任能力のない精神障害者を精神病院に収容する制度への批判が高まった。というのも、宅間には措置入院の前歴があったからだ。事件の二年前、宅間は傷害容疑で逮捕されていた。校務員として勤務していた小学校で、教師が飲むお茶のポットに精神安定剤を混ぜたためである。だが、宅間は精神障害で責任能力がないことを自らアピール、地検の簡易鑑定によって「統合失調症」と診断された。その結果、起訴猶予で精神病院に措置入院となったのだが、その病院を約一ヵ月ほどで退院していた。

このような過去がメディアで報道されると、世論は一気に沸騰した。過去に犯罪歴のある危険な精神障害者が、何の咎めもなく「野放し」になっているのではないかと人びとは激怒したのだ。こうした声に後押しされて二〇〇三年、心神喪失者等医療観察法という法律が制定される。

第二に異常者という眼差し。

月刊誌『新潮45』は「『怪物』はなぜ生まれたのか」と題して、宅間守の父親の激白を綴ったドキュメントを掲載した。そこで父親は、宅間守のすさまじい家庭内暴力のこと、宅間の兄が首を掻《か》き切って自殺したこと、母が精神を病んでしまったことなどを告白している。

かつてであれば、その不幸な家庭環境は数奇な生涯と併せて、悲惨な境遇を過ごさねばならなかった宅間への、社会的な同情や共感を掻き立てたかもしれない。だが、メディアは「怪物」「悪魔」として激しく非難、宅間守を「人格障害」として切り捨てた。人格障害とは、病気ではないけれども正常でもない、すなわち犯罪精神医学が「異常者」を示すものとして歴史的に用いてきたカテゴリーだ。

もはや社会的悲惨も教育問題も語られない。宅間守に唯一残された物語は異常者としてのそれだけだ。そのような関心のあり方は、犯罪精神医学者の福島章による次のような文章に如実に表れている。

幼い子どもを無差別に多数殺傷するという、史上最悪の殺人事件を起こした犯人は、法廷でもまったく反省悔悟の念を表さなかった。人間性をまったく欠いたとしか言いようのないこの凶暴な人物は、いったいどのようにして生まれ、育ち、どのような生活の歴史によって殺人鬼と化したのであろうか。
（『犯罪精神医学入門』）

ここで語られるのは悲惨な人生の軌跡が、ある人間を否応なしに殺人者にしていったというような牧歌的な物語ではない。殺人者は社会の犠牲者ではもはやないのだ。そうではなく、いかに初めから宅間は殺人鬼だったのかということが、次のようにその生活史の中で確認されていくのである。

Tは、幼児期から変わった子どもだった。

二、三歳のころ、買い物に連れていかれた時にいなくなったり、五、六歳のころ、映画館に連れていかれて、よくどこかに行ってしまった［多動症］。

五歳ごろ、知らない男の顔に石を投げて怪我をさせた［衝動性］。

……祖父母宅にいる時は、近所の公園で遊んだりしたが、友だちはできなかった。幼稚園入園とともに実家に戻ったが、幼稚園でも他の園児と遊べず、一人で過ごすことが多かった［対人的なコミュニケーション障害］。

（『犯罪精神医学入門』）

このように過去のさまざまな振る舞いに、いちいち異常者の「予兆」が見出されていく。犯罪者を「ダシ」に文化論を語ったり、あるいは社会批判を行ったりする言説が説得力を失っていく中、現在、支配的になりつつあるのはこのような犯罪精神医学的な言説だ。こうした中、異常者を早期に発見するために、その予兆をいかにとらえるかといった関心が高まるばかりなのだ。

そして、第三にセキュリティの強化。

なぜ凶行を防げなかったのかという問いのもと、学校の安全対策の杜撰《ずさん》さが非難された。

それまでは学校の閉鎖性がいじめの遠因として指摘される中、文部科学省は「地域に開かれた学校づくり」という基本政策を推進していたが、事件によって振り子が真逆に振れることとなった。

文部科学省と学校側は安全管理の不備を認め、そして校舎は全面改築され監視カメラや警備員を配備、まるで要塞のようなセキュリティを完備した。また文科省は〇二年、「学校への不審者侵入時の危機管理マニュアル」を作成。〇四年には、「安全緊急アピール――子どもの安全を守るために」を公表、学校の安全対策に関する具体的な施策を明らかにしていく。

精神障害犯罪者処遇、異常者の予兆の早期発見、そしてセキュリティの強化。こうした動向が不可逆のものとして、次のような声に裏打ちされて推し進められているのだ。

「声を大にして言いたい。わずか六―八歳の人生しかなかった子どもたちを思い、遺族の嘆きを聞け、と」(『なにが幼い命を奪ったのか』)。

そして、凶悪な事件が起こるたびに、法制度批判がなされ、異常者排除の眼差しが広まり、セキュリティが上昇していくというのが現在の動向なのだ。

娯楽からセキュリティへ、これこそが時代を画したモードの転換にほかならない。

宮﨑勤と小林薫

最後にもう一つだけ事件を取り上げよう。

小林薫の奈良女児殺害事件だ。第二の宮﨑勤と称された小林薫による事件は、本章を終えるのにふさわしい事件だろう。ふたりの「性犯罪者」のあいだに横たわる差異は、その間に生じた社会の変化の意味をはっきりと物語るものだからだ。

二〇〇四年十一月、奈良県の閑静な住宅街の一角で、小林薫は下校途中であった小学一年生の女児を誘拐する。自宅に連れ込み陵辱しようとしたが、手をかまれてかっとなった小林は、女児を浴槽の水に顔をつけて水死させた。そして、遺体の口内や性器周辺を切り刻み、被害者の家に「娘はもらった」とのメッセージとともに、その写真を女児の携帯メールで送りつけたのである。

この事件で問題になったのも法制度である。小林には過去に女児二名への強制わいせつ事件による執行猶予つきの判決、また五歳女児の首を絞めた事件による懲役三年の実刑判決を受けていた。性犯罪者の再犯がこのようにクローズアップされることで、性犯罪者に関する氏名や住居の情報公開論議が持ち上がったのだ。

そして、小児性愛者の性癖は「治療」不可能であり、罪の意識なく犯罪を繰り返すという議論が流布する中で、〇五年六月、性犯罪者の出所情報を法務省から警察庁に提供する制度が開始された。

また、下校途中に誘拐されたことから、登下校時の児童の安全が問題となった。各地区の学校関係者や保護者によって巡回が開始されたのだが、滑稽にも小林自身が自らの社会的な役回りを自覚しているかのように、「私が逮捕され、ある一定期間が過ぎ何も起こらないと安心したら巡回をやめていきます……（警察も）事件が発生しない限り動こうとはしない」など獄中手記で批判した（『創』〇六年二月）。

当然、法制度改革とセキュリティ強化が進む背後には、社会から排除すべき異常者という眼差しが貫かれている。

自宅から押収された一〇〇本以上のマニア向けロリコンビデオや多数の雑誌、約一〇〇枚の少女用の下着といった言葉がメディアに踊り、かつての宮崎事件の時とまったく同じように、ロリコン趣味の持ち主たちが不気味で危険な存在として括られていった。そして、「小林薫や宮崎勤の予備軍は、身近なところに潜んでいるのかもしれない」と語られる（『週刊文春』〇五年二月三日）。

だが、「小林薫、それは私だ」などと叫ぶ酔狂な言論人は、この時は決して現れなかった。

かつてはあれほど熱意を持って探し求められた「宮﨑勤に内在している、宮﨑勤本人を超えた時代の病理性のようなもの」（『夢のなか、いまも』）、そのようなものは小林薫の内には一顧だにされなかった。

「私のような性犯罪者は、再犯、初犯にかかわらず、絶対になくならない」という言葉とともに、小林薫は単なる小児性愛者として嫌悪され、その異常な性癖とともに断罪されたのだ。

今や私たちの社会が、宮﨑事件当時といかに隔てられているかが明らかだろう。

現代的犯罪の原点だと言われる宮﨑事件、だが当時の感覚は次のようなものだった。

今回の事件に対してもかわいそうと思う半面、興味津々であるというのが、当事者以外の人間に共通した感情であると思う。自己防衛や地域監視が必要だといいながらも、それが自分の問題として降りかかってきた時、たとえば子どもを一人にしないために母親が仕事をやめて家にいたり、当番を決めて巡回することが果たして今の時代に可能か。

（宮川俊彦『君は宮﨑勤をどう見るか』）

あくまで他人事としての同情と、事件へのあからさまな好奇心。

当時の社会は宮﨑の猟奇的な犯罪を娯楽として楽しんでいた。ところが現在は、当時は可能性を疑われていた自己防衛や地域監視が行われるようになっている。娯楽であるどころか、今や犯罪は他人事ではなくなった。

「犯罪被害は、何の前触れもなく突然襲ってくるもの」、こうした言葉こそが「醒めない夢」に代わってリアリティを獲得したのだ。

そして、社会は「醒めない悪夢」に引きずり込まれていった。

3章　地域防犯活動の行き着く先　芹沢一也

事後活動から予防活動へ

一九九四年、警察庁は生活安全局を設置し、「地域安全活動」なるものを推進し始めた。これが現在の「安全・安心の街づくり」プロジェクトの源流となる。このような活動に着手した当時の警察庁の関心は、一体どのようなものだったのか。それは警察庁保安部部長（当時）・中田恒夫による次のような文章によく表れている。

「地域安全活動の推進」は、犯罪の防止ばかりでなく、事故や災害からの被害の防止も含めた広い意味で、地域の安全を考え、これを民間、自治体、警察の三者の連携により確保していこうというものです。

この中でも特に大切なことは、民間防犯組織や最近盛り上がる傾向を見せつつあるボランティア活動に従事する方々が行う、身近な地域社会における犯罪や事故、災害等の発生を防止するための自主的な活動に対して、警察がいかに効果的な支援・援助をしていくかということです。

（「年頭のあいさつ」、『地域と保安』一九九四年一月）

地域安全活動の推進は、犯罪の取り締まりや防止にとどまらず、事故や災害を含めた広い意味での地域の安全を考えた街づくりに、警察が本格的に乗り出したことを示していた。そして、そのような目的を果たすために、地域住民やボランティア団体、自治体などと協力しながら、地域に密着したかたちで警察活動を行おうとするものだった。

このような活動とともに九〇年代半ば、警察はその活動方針を大きく変えた。軸足を「司法警察」から「行政警察」へと移動させたのだ。

司法警察というのは、事件が起こった後で犯罪捜査をし、被疑者を逮捕するという事後的な活動である。ポイントは、あくまで「事後」というところにある。それに対して行政警察とは、公共の安全と秩序の維持のための予防活動である。ここでのポイントは「予防」にある。望ましい秩序を積極的に地域につくりあげることで、事前に犯罪の発生を押さえ込もうとするのが行政警察だ。

事後活動から予防活動へ。

戦後の日本警察は、国民生活をすみずみまで監視・監督した戦前の行政警察への反省から、基本的人権の尊重と国民主権の原理に基づいた司法警察に自らを限定したのだが、それが九

○年代半ばにふたたび逆転したのだ。

とはいえ、高圧的な戦前警察への回帰が志向されたというわけではない。民間防犯組織やボランティア活動が重視されていることからわかるように、警察がめざしたのは民間の自主的な活動をサポートする中で達成される地域の安全であった。

背景としての新自由主義

このような動向の背後には、次のような認識があった。

我が国の良好な治安の理由の一つは、地域社会における市民と警察との密接な関係にあるが、近年の都市化、広域化、国際化、ボーダレス化（地域、時間、性別、年齢別など）、情報化などの社会情勢の変化は、地域社会における市民の連帯感の稀薄化、匿名性の増大をもたらし、生活の安全の基本である地域社会を脆弱化させている。

英国、米国等の例をみるまでもなく、良好な治安を支えてきた要因の変質は、治安情勢の急速な悪化を招くところであり、それにより市民が被る被害は甚大であり、また、事態立て直しのために必要とされる社会費用は膨大なものとなる。

（渡辺巧「生活の安全の考え方について」、『警察学論集』四七巻九号）

新自由主義改革がもたらす規制緩和や開発誘導政策による都市化、あるいはグローバリゼーションがもたらす国際化とボーダレス化が、住民たちの連帯感を希薄なものとし匿名性を高めていく。その結果、地域社会が脆弱となる中で、治安が悪化していくだろうという見通しが九〇年代半ば、すでに危惧されていたとわかる。

かくして、新自由主義経済の時代にふさわしく、治安もまた民間の活力に期待が寄せられたと言えそうだが（防犯の自己責任化）、ここで注意を向けたいのは治安悪化を説明するロジックについてだ。

コミュニティ崩壊というロジック

いわゆる「地域コミュニティの空洞化」と言われる事態によって、日本社会は犯罪を抑止する能力を失っている、そのために治安の悪化がもたらされるというロジック。さまざまな論者が揃って口にしており、すでに人口に膾炙《かいしゃ》しているロジックだ。当然、その解決策として、異口同音に地域コミュニティの復活が唱えられている。

しかしながら問題は、1章で浜井浩一によって論証されたごとく、日本社会の治安は決して悪化しなかったことだ。

つまり、犯罪発生の背後に地域コミュニティの空洞化を読み込むことなど、まったくのナンセンスとして一笑に付されるべきはずであるが、ところがこの根拠なきロジックが今にいたるまで大きな影響力を持ってしまっているのだ。

一体なぜか。

それは客観的な治安情勢の悪化によるものではなく、体感治安、つまり治安のイメージが、一九九〇年代後半以降、悪化の一途をたどったためであった。

九七年の神戸の酒鬼薔薇事件を契機に、少年犯罪の報道量が飛躍的に増える中、怪物化した少年たちに人びとは怯えるようになっていった。そして、宅間守や小林薫のような怪物的な犯罪者の出現に、社会はついには根深い犯罪不安に取り憑《つ》かれた。

この間、メディアは少年や外国人、性犯罪者などの殺人事件を集中的に報道したが、そのような中で「もはや安全神話は崩壊した」という論調が支配的になり、治安の悪化は紛れもない事実だと見なされるようになったのだ。

たとえば、二〇〇四年一月、朝日新聞社が全国世論調査を行っている。調査結果によると、有権者の八一パーセントが、五年前と比べて日本の治安が悪くなったと考えている。また、自分や家族が犯罪に巻き込まれる不安を感じる人の割合は七八パーセントだ。少年犯罪に遭う不安を感じている人は八一パーセント、外国人犯罪は七一パーセント。そこで監視カメラの設置や少年犯罪の厳罰化、外国人に対する出入国審査や取り締まりを厳しくすべきだとの意見が強まってきた（『朝日新聞』一月二十七日）。

このように体感治安が悪化する中で、誰にとっても説得的な原因として受け入れられたのが、地域コミュニティの空洞化という紋切り型だったのだ。「高度成長の時代に、壊してきた地域社会を、時間をかけて取り戻す時期に来ているのではないか」というわけである（岡村勲『読売新聞』〇三年八月五日）。

保守的なノスタルジー

そのような紋切り型を強化するものとして、保守的な社会層の人びとのノスタルジーがある。彼らは治安悪化の原因として秩序やモラルの低下を訴えて、古きよき時代の地域コミュニティの復活を唱えている。かつて隣人たちの絆《きずな》が強かった時代には、住民の目が行き届いたために犯罪は起こりにくかった、しかしながら昨今はそうした地域の連帯がなくなったために犯罪が増えているのだと、なんの根拠もなく叫ばれている。滑稽なことに、地域コミュニティがあったとされる昭和三十年代は、今よりもはるかに暴力犯罪が多発していたにもかかわらずだ。

ところが、このような根拠なき紋切り型が、あたかも論証された事実であるかのように、さまざまな場面で一人歩きしているのだ。それは識者たちのメディアでのコメントから、行政の政策決定の場面にいたるまで、あらゆる場面においてだ。

たとえば、二〇〇三年三月、「東京都安全・安心まちづくりについての報告書」が有識者懇談会により発表されたが、「犯罪多発の背景」として何よりも先に指摘されているのは（ここでも治安悪化は当然視されている）、「地域社会の一体感・連帯意識の希薄化」「遵法意識・遵法精神の低下」「ライフスタイルの変化に伴う自己中心主義の風潮」などであった（もちろん、その中には「少年非行の深刻化」や「来日不良外国人の暗躍」なども挙げられている）。

そこで述べられているのは、行政のための論証された根拠などとは到底言えないもので、以下に見るように古きよき社会への単なるノスタルジーでしかない。

交通機関の発達による社会のスピード化、高層マンションの増加などによる住宅構造の変化、人びとの生活様式の多様化などによって、住民たちが近隣と接触する機会が減少し、周囲に対して無関心になったために、地域社会の一体感や連帯意識が希薄になっているなどと述べられているかと思えば、家庭において子どものしつけが十分にできていないために、公共の場所での振る舞いをわきまえない、人の迷惑を考えないなど、社会の基本的なルールを守らない風潮が強まり、遵法精神が希薄化しているなどと主張されている。

挙げ句の果てには、日本人のライフスタイルやものの考え方が変化する中で、自己中心主義の風潮が広がりつつあり、個性的に生きることと自分勝手に生きることを取り違えるような人が増え、地域社会への住民たちの帰属意識を低下させているなどということが、真顔で説かれさえしている始末だ。

いずれも明らかに道徳的な憤りや嘆きでしかないのだが、このような保守的なノスタルジーをもとに治安対策が語られているのが現状なのだ。

全国に広まる「生活安全条例」

こうした中、不気味に広まりつつあるのが「生活安全条例」だ。

客観的な根拠なき治安悪化神話と、ノスタルジーでしかないコミュニティ崩壊言説が絡み合う「空気」が強まる中で、生活安全条例が連鎖的に制定されていっている。

二〇〇二年、池田小学校の事件に後押しされて、大阪府で「安全なまちづくり条例」が制定される。そして、〇三年、東京都で「安全・安心のまちづくり条例」が制定されると、それまで市町村規模で広がりつつあった生活安全条例が、一気に全国の都道府県に拡大した。

「地域安全条例」「安全・安心街づくり条例」「犯罪防止推進条例」など名称はさまざまだが、「自治体や住民ぐるみで安全を守ろう」「自分たちの街は自分たちで守ろう」といった謳《うた》い文句から明らかなように、そこに貫かれているスローガンは、まるで判で押したかのようにいずこも同じだ。

治安回復の解決の鍵は、「地域コミュニティの連帯の復活」だというものである。

犯罪情勢が憂慮すべき事態にある現在、警察だけで治安を守りきることはもはや困難だ。それゆえ、住民一人ひとりの防犯意識を向上させ、自衛的な防犯行動をとってもらうとともに、「自分たちの街は自分たちで守る」という意識を醸成せねばならない。それによってコミュニティを再生・強化し、地域社会の犯罪抑止機能である「コミュニティの目」をつくらねばならないというのだ。

かくして、警察と自治体、住民が協働して、安全で安心な街づくりを進めようというのが生活安全条例の目的だ。一九九四年以来、警察庁によって進められてきた地域安全活動の流れの中に、現在の「安全・安心の街づくり」プロジェクトはある。

このようなプロジェクトに住民たちもまた応えたのだ。

警察とボランティア住民との連携が重要だとする呼びかけに、住民たちは突如、自衛への関心に目覚めたかのように、全国各地で続々と防犯パトロールに参加し始めた。そして、現在、警察の役目を代替するかのように、自治体やＰＴＡなどが中心となって街中の見回りを行っている。

地域のいたるところで住民たちが、「コミュニティの目」を光らせているのだ。

時代錯誤と見なされた生活安全局

だが、ここで疑問が生ずる。

なぜほんの数年間で、このプロジェクトはここまで広まったのだろうか。というのも、生活安全局が発足した当時、地域安全活動はきわめて時代遅れのものとして、その実現が疑問視されていたからだ。

生活安全局が設置された直後、警察の動向に最も敏感な日弁連が、「警察活動の拡大にともない、警察が、一層、市民生活に関与することによって、市民生活のすみずみまで、警察から日常不断に監視される危険性が生まれている」と、その危険性について一九九五年に詳細な検証に乗り出している。

ところが、そのような過剰とも言うべき危機感を抱いた日弁連ですら、「今、私たちに課せられた喫緊の課題は、黙って玄関先に回覧板を置いていくような今日の隣人関係を修復し、かつての血の通った温かみのある隣組へとリードすることであり、住民主導による地域防犯活動の積極的展開を促進させて、地域における犯罪防止機能の再構築を図り、平穏で安全な地域社会を造ること」だとする警察関係者の言葉に、次の文章に見られるごとく単なる時代錯誤な響きしか聞き取ることはできなかったのだ。

> 地域共同体の再編……「隣組」の再現の前には大きな障害が警察を待ち受けている。経済・社会活動の複雑化や多様化、生活様式の多様化は時代の大きな流れであり、伝統的な地域共同体の崩壊はその必然的な結果である。この流れにブレーキをかけようというのであるから、警察の試みは砂地に水を撒いて植物を育てるような作業なのかもしれない。
>
> （『検証　日本の警察』）

地域コミュニティの空洞化なるものがあったとして、それは経済や社会活動の複雑化、多様化の必然的な結果である。そうであるなら、時計の針を逆に回すような、伝統的なコミュニティの復活など望むべくもないだろう。

このように予想されていたにもかかわらず、蓋を開けてみれば日弁連のこうした楽観を裏切って、現在、治安と自衛への関心の高まりが警察の目標どおり、地域コミュニティの再生をたしかに果たしつつあるように見える。

では一体なぜ、住民たちはそのような時代錯誤に応えたのか。

核心は「子どもの安全」

なぜ、住民が自衛への意思を持つにいたったのか。

その答えははっきりしている。それは人びとに刷り込まれた不安が、単なる犯罪不安ではなかったからだ。それだけだったら、防犯は人任せでも良かっただろう。防犯を人任せにできなかった原因、それは子どもへの犯罪不安にあった。

現在の犯罪不安の核心にあるのは、「子どもの安全」なのだ。

たとえば二〇〇五年十月、文部科学省は「地域の教育力に関する実態調査」を行っているが、「地域の教育力向上のため、力を入れるべきこと」という設問に対して、「子どもの安全を守る活動」と答えた保護者が六七パーセント、「異なる年齢の人たちとの交流推進」三六パーセント、「地域の歴史や文化を学ぶ機会を増やす」三四パーセントと続き、「学力を伸ばすための活動」は八パーセントにとどまった。地域で取り組むべき活動として、親たちは学力や運動よりも安全に突出した高い関心を示した。

このような数字に如実に表れている、「子どもの安全が脅かされている」という不安感こそが、住民たちを自発的な防犯活動へと駆り立てたのである。そこにあるのは、メディアによって撒《ま》き散らされた次のような危機意識だ。

小学生を狙った犯罪は近年絶えることがない。「安全に気をつけて」「知らない人にはついていかないで」。そんな通り一遍の注意ではもう子どもを守ることができない社会になってしまったのかもしれない。……

これまで日本は世界でも珍しい安全な社会として、外国から驚嘆のまなざしを向けられてきた。しかし、そんな時代は過ぎ去った。残念ながら、認識をそう改めるほかない。

子どもを守るためには、あらゆる手立てを惜しむべきではない。

(『朝日新聞』「社説」二〇〇五年十二月三日)

これこそが、私たちの社会が引きずり込まれた「醒めない悪夢」にほかならない。

被害者化する社会

人びとが感情移入する対象が加害者から被害者に移り、少年をはじめとする犯罪者が社会の危険な敵となった時、実際には身の回りで犯罪は多発してはいないのに、住民たちは「自分もいつ、こうした被害者になるかもしれない」という不安を抱き始めた。

そして、社会全体がいわば被害者化していく中で、被害者への同情と加害者への怒りが交錯した時、そこに結晶したのが「怪物的な犯罪者と襲われる子どもたち」という構図だったのだ。

このような構図がはっきりとかたちをなしたのは、二〇〇五年前後であった。それは〇四年の小林薫による奈良女児誘拐殺害事件、〇五年十一月のカルロス・ヤギによる広島女児殺害事件、そしてそのわずか一〇日後の栃木県今市市女児殺害事件と、子どもが犠牲になる事件が立て続けに起こった時期である。

〇五年十一月、ダンボール箱の中でぐったりしている女児が通行人に発見され、まもなく死亡した事件が、逮捕されたヤギの供述とともに騒然と報道されている中、栃木県で行方不明になっていた小学一年生の女児が、刃物で左胸をめった刺しにされた遺体となって茨城県の山林で発見された時、子どもが襲われるという不安と恐怖は頂点に達した。


また、下校途中の七歳の小学一年女児が殺害されるという痛ましい事件が起きた。広島市で、同じ小一女児が殺害されるという事件があったばかりだけに、各方面に大きな衝撃を与えている。……

広島市の事件や今回の事件のように、下校途中の児童を狙った凶悪事件は、後を絶たない。……

登下校の通学路が、凶悪犯罪の舞台となっている。……地域も全国で発生、場所も都会、田園地帯と区別がない。

昨年の奈良市の事件以後、全国各地で学校や保護者、地域のボランティアによる通学路の安全対策が強化されていた。それでも、広島、栃木と悲劇が相次いだ。

とくに、低学年の児童の一人での下校は原則、禁止という強い措置を取らなければ、子供の命は守れない。
（『産経新聞』「主張」二〇〇五年十二月四日）

全国各地で無差別に子どもたちが襲われているかのようなイメージが、かくして一人歩きしていったのだ。

小林薫の警笛、宮﨑勤の死刑判決

しかも、２章で検討したごとく、そのような恐怖を社会に最初にもたらした小林薫が、人びとの狼狽《ろうばい》をあざ笑うかのようなメッセージを獄中から発する。「自分が逮捕され、一定期間が過ぎて何も起こらないと安心したら巡回をやめている。警察も事件が発生しない限り動こうとはしない組織体制に問題があり、その結果、広島と栃木の事件が起きた」。「私のような性犯罪者は、再犯、初犯にかかわらず、絶対になくならない」（『創』二〇〇六年二月）。

さらには、子どもの安全をめぐって社会が騒然とする中、すでに世間では忘却の彼方に埋もれていた宮﨑勤が回帰してきた。まるでタイミングを計ったかのように、この時、最高裁で宮﨑勤の死刑判決が下されたのだ。

宮崎勤の幼女連続殺害事件、それは四人の幼女たちが次々と誘拐され、そして性的に弄ばれて殺害された事件だった。だが、当時の関心はまったくそのようなところにはなかった。それは文化論や時代論を饒舌に語るための素材でしかなかったのだ。

ところが、初公判から一六年経過し死刑が確定した〇六年一月、事件はかつてとは打って変わってセキュリティの関心のもとで意味づけられた。

平成の幕開けに起きた宮崎事件は、振り返れば、いまの社会への警笛だったように思う。あれから17年。幼い女の子が殺される事件が奈良、広島、栃木と、いまも続いている。……宮崎被告の犯行の動機について、最高裁は「自己の性的欲求を満たすことと、死体を撮影したビデオテープの収集欲だ」と指摘した。

病的な小児性愛者は、どんな社会にも潜んでいると考えなくてはならないだろう。問題は、どのようにして犯罪に結びつくのを防ぐかだ。

（『朝日新聞』「社説」〇六年一月二十日）

かくして、宮崎勤は「病的な小児性愛者」という像に収まり、それはふたたび「始まり」

としての意義を担った。だが、今度はかつてのような不可解な殺人事件の始まりではない。そうではなく、子どもが殺害される事件の先駆けとしてだ。

「ただ自分の欲望を満たすためだけに、幼い子の命を狙う。そんな人間から子どもをどう守るか」、このような危機意識が強烈なリアリティを帯びて社会に広まっていく。そうした中で、かつてのような語りはもはや説得力を失った。「彼が作り出す『不思議の国』の住民になったようで、裁判に引き込まれた」と述べる佐木隆三を筆頭として、宮崎事件と伴走してきた識者たちは「宮崎勤を理解せねばならない」と口を揃えたが、そのような彼らのコメントは虚《うつ》ろに響くだけだった（『朝日新聞』〇六年一月十八日）。

もはや時代は変わったのだ。今や社会は「醒めない夢」の牧歌的な迷宮のうちにはない。犯罪にリアルな恐怖を抱き始めた社会は、今度は代わって「醒めない悪夢」に引きずり込まれた。そこでは「子どもを守らなければならない」という叫びが四方八方に反響しながら、こだまのようにいたるところに拡散していくのだ。

「子どもを守れ」の大合唱

そして、「子どもを守るためには、あらゆる手立てを惜しむべきではない」という言葉が、警察だけでなく政府から企業、そして住民にいたるあらゆる主体によって実践され始めたのだ。

二〇〇五年大みそかも迫る年の瀬、待ったなしかのような記事である。「子どもを守る安全対策、国会論議　各党が検討」。

相次ぐ児童の殺害事件に、各政党が防犯・安全対策に取り組んでいる。自民党は既存の路線バスを活用するため自治体への財政措置を検討すべきだと主張。民主党は来年の通常国会に「学校安全対策基本法案」を提出する方針で、共産、社民両党も提言を検討中だ。子どもたちをどうやって守るか。国会も論議の舞台となる。

（『朝日新聞』十二月三十日）

そして、二〇〇六年、文部科学省は都道府県・指定都市教育委員会教育長会議を開き、通学路の見直し、安全な登下校の方法、不審者情報の共有、警察との連携など、五項目について詳細な指示を出した。

警察庁も各都道府県警に対して、警察署などに寄せられる不審者情報をインターネットや電子メール、FAXなどを活用して、迅速に自治体・学校・保護者と共有するネットワークづくりを急ぐように指示。民間企業や各種団体などと地域でネットワークづくりを進め、警備会社・タクシー会社・新聞販売店・郵便局・宅配業者・消防団・コンビニなどが日常的に警察と情報交換を行い、業務中に不審者を見かけた時には警察に通報するシステムを構築し始めた。

こうした中、緊縮となった〇六年度予算にもかかわらず、子どもの安全に関する各省庁分の事業のみが大幅増となった。

文部科学省に集団下校のための待機場所整備、スクールガードの拡充、不審者情報共有システム、インターネットで安全の取り組み紹介、防犯教室開催助成などで二六億円、警察庁に地域安全安心ステーション、子ども緊急通報装置、スーパー防犯灯などで四億七〇〇〇万円、法務省に保護観察対象者の調査強化、性犯罪者処遇プログラムで三億五〇〇〇万円、総務省でも新規事業が認められ、インターネットを安全に利用するための子ども向け教材開発に四〇〇〇万円の予算がつけられた。

学校には警備会社から警備員が配置され、登校時の校門周辺での警備、日中の学校敷地内や周辺の安全点検、下校時の校門周辺の警備に加え、定期的に通学路を巡回し始めた。また、学習塾や習い事の行き帰りの送迎ビジネスにまで、警備会社が続々と参入した。

子どもを見守るための技術も急速に進んだ。既存の市場が飽和し始めた携帯電話会社は、小学生向け商品に活路を見出す。全地球測位システム（GPS）機能付きの携帯電話を開発、子どもが今どこにいるか、いつも通りに登下校したかを保護者が把握でき、勝手に電源を切れば現在地の位置情報が親に送信される携帯電話が、各メーカーから一斉に発売された。また、文房具メーカー、ランドセル販売会社、学生服販売会社なども、競ってこの「安全ビジネス」に参入した。

ある私立小学校では、ITを使って児童の安全情報を保護者に送る仕組みを導入し始めた。ICタグをもたされた児童が自宅最寄り駅と学校最寄り駅、さらに校舎入り口を通過する際の計三回、保護者の携帯電話に確認メールが自動送信される仕組みだ。大阪府など同じシステムを導入する自治体も現れた。また、情報システム会社は登下校時の子どもが通学路から外れると、学校や保護者に緊急通報するシステムを開発、精力的に売り込みを図っている。子どもの安全は一大市場をもたらしたのだ。

防犯ボランティアの急増

もちろん住民たちも立ち上がった。「地域全体で子どもを守ろう」と、地域の人びとが登下校の通学路などに立ち、不審者がいないか監視の目を光らせ始めた。全国各地で続々と防犯ボランティア団体が結成され、住民たちはいよいよ防犯パトロールに参加し始めたのである。この時期なされたいくつかの調査で確認しておこう。

二〇〇六年二月、朝日新聞社が全国世論調査を実施している。調査結果によると、「子どもが犯罪に巻き込まれる危険が増していると思う人」が九三パーセントにまで上った。また、「集団登下校に保護者や教諭が付き添ったり、通学路で近所の人が見守りに立ったりする対策が各地で取られている。こうした対策が子どもの安全に『必要だ』と思う人」は八七パーセント、小学生以下の子どもがいる人では九三パーセントにもなった（『朝日新聞』〇六年二月二十二日）。

こうした数値が具体的な活動につながるものであったことを、この間の防犯ボランティア団体の増加が裏づけている。警察庁の調査では、〇三年末には全国で三〇五六団体であった防犯ボランティア団体が、〇五年度末にはその数が二万団体にのぼり、人員でも約一一九万人が参加しているのだ。〇四年度末と比較しても、団体数は約二・四倍、参加者は二・三倍だ。その約七割が通学路での子どもの保護や誘導をしている。

また約半数は町内会などが中心となった従来的なボランティア活動であるが、この時期、新しい傾向として増えたのが、小中学校のＰＴＡなど保護者が中心となったものだった。〇四年比で約四・二倍の約二八〇〇団体。ＰＴＡが親睦団体から危機管理団体へと変貌しつつあるのだ。

生きがいとしての防犯活動

こうした動向が強まりつつある背後には、子どもの安全をめぐる不安とともに、もう一つの要因が存在している。

それは住民たちにもたらされる「快楽」である。

現在、地域においても、住民のあいだの連帯が希薄化し、コミュニティの活力が失われたと嘆息している人が多い。そのような人びとの感情に、防犯活動は訴えかける側面を持つのだ。

住民たちによる防犯活動は、参加する人びとに一体感を与える。そのような一体感は、昔日を良き時代として回顧するノスタルジーを慰撫《いぶ》してくれる。かつて近隣の交流が密であったコミュニティなるものが復活したかのような感覚を生み出すことによってだ。

このような中で、防犯活動は人びとに「やりがい」や「生きがい」といったものを与えている。このことは、防犯活動に従事する住民たちが、「大人が子どもたちに声をかけることで、街が元気になった」「防犯を中心に地域がまとまった」と、口々に喜びの言葉を語っていることから明らかだ。

現に防犯活動はさまざまなかたちで住民たちを結びつけていく。

たとえば教育委員会などの依頼を受けて、シルバー人材センターから通学路の見回りに派遣される老人たち。老人パワーの活用といったスローガンが、老人たちに社会的な役割を果たしているという生きがいを与えるとともに、「同年代の知人も増え、孫くらいの子供と顔見知りになれるのがうれしい」と、同年輩の老人や子どもたちとの交流といった喜びをもたらす。防犯パトロールに参加する老人たちの口からは、「知人がなく寂しかったが、子供たちが慣れてあいさつしてくれるのがうれしい」と歓喜の声が漏れてくる（『毎日新聞』静岡面、二〇〇六年三月八日）。

あたかもサークル活動のように

あるいは、子どもが被害に遭う事件が広く報道されていく中、親たちが運営する子どもの安全情報ホームページが開設されている。インターネットや新聞から、子どもが巻き込まれた事件・事故情報を拾い、それをデータベース化しているほか、声かけの手口分析や、下校時の注意点、通学路の問題点などもまとめられている。そうしたホームページ上で、情報や悩み、問題意識が共有される中で、親たちの連携が広まっていく。そうした親たちの交流会がオフ会のごとく催されたりもしている。

防犯活動はあたかもサークル活動であるかのような様相さえ帯びているのだ。

愛犬家が犬の散歩時に防犯パトロールを行う「わんわんパトロール」。メンバー募集にはパトロールは地域交流を兼ねていること、夏には納涼会を実施したことなどが謳われている。あるいは、女子学生が通学時に防犯パトロールを行う「りんりんパトロール」。そして、「守るんジャー」と書かれたジャンパーを着込んだ大学生たちによる「子ども守る隊」など、老若男女、世代をこえて、「子どもの安全」のために地域が結束していく。

地域安全活動とコミュニティの復活というスローガンは警察だけでなく、住民にとっても喜ばしい、掲げ甲斐のあるものであったということだ。

それは、行政警察に向かおうとする警察の動向を正当化した。かつての犯罪抑止能力を取り戻すためにと、警察は住民との連携を強化しながら地域再編を推し進めていく。そして他方でそれは、住民たちのノスタルジーにも応えるものだった。防犯活動に動員される住民たちは、コミュニティが再生されたかのような喜びを感じるからだ。

環境犯罪学の普及

それでは、防犯という目的を果たしながら、コミュニティの再生という課題にも応える「安全と安心の街づくり」プロジェクトは、社会にとっての福音だったと言うべきなのか。すべては丸く収まりつつあるのか。

この問いに答えるためには、防犯を軸に編成されていくコミュニティが、一体どのような生活環境を生み出すかを知らねばならない。

だが、この問題に取り掛かる前に、現在の「安心・安全の街づくり」に理論的な根拠を与えている思想を検討する必要がある。このプロジェクトがどのような発想のもとにあるかを知らねばならない。

それは「環境犯罪学」という名の日本では新しい犯罪理論だ。

環境犯罪学は、従来の犯罪学とは発想を一変させた画期的な理論だと自称されている。現在、精力的に環境犯罪学を普及させている、犯罪社会学者の小宮信夫の説明に耳を傾けてみよう。

これまでの犯罪学は「犯罪原因論」という考え方に立脚していたという。それはある人間がなぜ犯行に及んだのか、その原因を究明しようとするスタンスに立つ。そこでは犯罪者は普通の人間とは異なる特別な存在だと見なされて、犯罪にいたった原因が犯罪者の人格や境遇（家庭・学校・会社など）に求められる。そして、原因となった人格の異常性や境遇の劣悪性を取り除くことで、犯罪を防止しようというのが犯罪原因論の発想である。

このような考え方は防犯のために、まったく効果的でないと主張するのが小宮信夫だ。

本人の生い立ちや性格、家庭環境などを調べていくことで、本人の立ち直り、更生のためには、役立つ情報が引き出されるかもしれません。しかし残念ながら、それらの情報は個別的なもので、一般的な予防にはほとんど役に立たないものなのです。犯罪の原因が特定でき、それらを取り除くことができればいいのですが、原因を特定することもできず、仮に特定できたとしても、それを取り除くことは不可能に近く、予防にはつながらない。

（『子どもは「この場所」で犠牲になった』）

小宮がこのように主張する環境犯罪学は、犯罪者への共感を失った社会にふさわしい理論である。犯行の背後に個人的な動機や境遇を読み込むことは、犯罪を防ぐために何の意味もないと主張するからだ。それはもはや「人間」には関心を持たない。

代わりに関心を向けるのは「場所」である。

「犯罪機会論」という思想

そのようなアプローチは「犯罪機会論」と呼ばれる。

犯罪機会論は犯罪の機会を与えないことで、犯罪を未然に防止しようとする。特徴的なのは、この理論は犯罪者を特別視しないことである。犯罪者とそうではない人間とのあいだに違いはない。どんな人間でも機会があれば犯罪に及ぶし、また機会がなければ実行しないと考えるのだ。それゆえどんな人間にとっても犯罪に及びにくいような「環境」を整えようというのが、犯罪機会論の発想にほかならない。

こうした発想を持つ環境犯罪学が「安全・安心の街づくり」のベースになっているのだ。

それはハード面での施策である「犯罪防止に配慮した環境設計活動の推進」と、ソフト面での施策である「地域安全活動の推進」の両面から進められている。

ハード面では警察による街頭緊急通報システム（スーパー防犯灯。事件・事故などが発生した時、緊急通報ボタンを押すと、インターホンで警察官と相互に通話できる）や街頭防犯カメラシステムなどの設置、あるいは警察の関与のもとでの店舗、住宅、駐車場への監視カメラの設置がなされている。

それに対して、ソフト面で推進されているのが、地域安全活動、すなわち住民によるパトロール活動である。いずれも犯罪の機会を奪うための施策だ。

「割れ窓理論」とは何か

ここで問題となるのはソフト面の地域安全活動だが、この活動を理論的に支えているのが、一九八二年にアメリカの犯罪学者、J・Q・ウィルソンとG・ケリングによって提唱された「割れ窓理論」（「破れ窓理論」とも訳される）である。ニューヨークのジュリアーニ元市長がこの理論に基づいて、警察官増員、徹底した徒歩パトロール、軽微な犯罪の取り締まりを行い、ニューヨークの治安を回復させたという触れ込みで有名になった理論だ。

その名称はそのものずばり、「建物の窓が割れているのを放置すれば、ほかの窓もまもなくすべて壊されるだろう」との考え方に由来している。

つまり、こういうことだ。割れた窓が放置されているような「場所」では、住民の縄張り意識が感じられないので、犯罪者は何の警戒ももたずに立ち入るだろう。さらに、当事者意識も感じられないために、「犯罪を実行しても見つからないだろう」「見つかっても通報されないだろう」と、犯罪者は安心して犯罪に着手するという。

要するに、割れた窓ガラスというのは、そこに生活している住民の縄張り意識と当事者意識の低さ、ひいては秩序意識の低さを物語る象徴なのだ。

このように説く割れ窓理論によると、治安が悪化するには次のような経過をたどる。

一見したところ、大したことには見えない秩序違反があるとする。しかしながら、そのような違反行為が野放しにされていると、それが「住民の誰も秩序の維持に関心を払っていない」というサインになる。そして、犯罪を起こしやすい環境が生み出され、そこでは軽犯罪が発生するようになってくる。そうなると、住民の治安意識が低下してしまい、秩序維持に協力しなくなり、それがさらに環境を悪化させてしまう。

かくして、そのような地域には凶悪犯罪が多発するようになるというのだ。

日本の防犯協会のホームページから引用しておこう。

建物やビルの窓ガラスが割られて、そのまま放置しておくと、外部から、その建物は管理されていないと認識され、割られる窓ガラスが増える。建物やビル全体が荒廃し、それはさらに地域全体が荒れていくという理屈である。……つまり、「破れ窓理論」はたった1枚の割れ窓の放置から起きる荒廃の始まりで、街は荒れ、無秩序状態となって犯罪は多発し、地域共同体を作っていた住民は街から逃げ出し、街が崩壊するというのだ。

（「全国防犯協会連合会ホームページ」）

では、治安を回復させるにはどうすればよいか。街を崩壊から救い出すには何をすればよいのか。

破れ窓理論によれば、治安悪化を惹き起こす最初の芽を摘めばよい。つまり、割れ窓を放置しなければよいのである。

かくして、割れ窓理論はコミュニティが自発的に秩序違反行為に対応することを迫る。縄張り意識と当事者意識が高ければ、秩序違反行為が放置されるはずはない、逆に言えば秩序違反行為に積極的に対応することは、縄張り意識と当事者意識を高めていく、ひいてはそれが未来の凶悪犯罪を防ぐというのだ。

では、ここでいう秩序違反行為とは何か。

それは住民に不快や不安を与え、生活の質を低くするような振る舞いだとされる。落書きすること、公園で酒を飲むこと、ゴミを投げ捨てること、自転車を放置すること、空き家にたむろすること、公共のものを壊すこと、車内で騒ぎ立てること、街頭で乱暴な身振りをすること、強引にものを売りつけること、夜中に大きな音を出すこと、雑草を伸び放題にすること、などなど。

こうした小さな「悪の芽」を見逃すならば、それはやがては犯罪の多発に結びつく。そうであるなら、未だ最小の被害の段階でそれを摘むのが、最も効果的な防犯対策であるはずだというのだ。

なぜ住民たちの防犯パトロールが重視されるかが理解できるだろう。

それは「コミュニティの目」が地域の各所に注がれて、秩序に違反する振る舞いを監視していくことが、犯罪の機会を与えない防犯効果を生み出すとされるからであり、同時にまたそうした住民たちの自発的な防犯活動が、縄張り意識と当事者意識を育てるからなのである。

いわばコロンブスの卵を地で行くような犯罪理論であるが、しかしながらこの理論は簡単に日本社会に受け入れられたわけではない。そのためには、子どもの安全をめぐる不安が保護者を中心とした住民たちのあいだに蔓延する必要があった。

さらには、住民たちの危機意識を防犯活動に水路づけするような方法がさらに考案された。

全国の小学校に広がる実践

その方法が現在、全国の小学校で実践されている「地域安全マップ」である。

小宮信夫は地域安全マップを考案した経緯を次のように述べている。

> 私は10年以上前から「犯罪機会論」を提案し続けてきましたが、なかなか社会的関心を惹き付けるまでには至りませんでした。そこで、この「犯罪機会論」を、誰でも実践できるもの、特に子どもにも実践できるものとして考え出したのが、地域安全マップなのです。
>
> (『子どもは「この場所」で犠牲になった』)

ここでもまた、子どもが突破口になっているのだ。

地域安全活動には言うまでもなく、住民ボランティアの参加が欠かせない。住民を参加させるためには、住民自身が犯罪を防止しようとする意思を持つ必要がある。そのためには自分たちも安全の重要な担い手であると自覚させるような、住民に対するある種の「感情教育」が不可欠となる。そのような感情教育の「教材」として、とくに子どもを対象として編み出されたのが、地域安全マップにほかならない。

学校でのマップ作成は、次のような手順を踏んで行われる。

まず事前学習が行われる。そこで子どもたちに「危険な場所」（視界の悪い場所、人目のない場所、薄暗い場所など、犯罪が起こりやすい場所）とは何かについて、環境犯罪学のベーシックな考え方が教えられる。

それから子どもたちは班を編成し、分担地区のフィールドワークに赴く。一つの班は六人ほどで、班長、副班長、インタビュー係、写真係、地図係などの役割分担がなされる。子どもたちは自分の足と目で危険な場所を確認し、また大人たちへのインタビューを通じて犯罪が起こりやすい場所の情報を収集する。調査を終えたら教室に戻り、街歩きで発見したことや感じたことを、班ごとに地域安全マップとしてまとめるわけである。

「人間の心の中にある『探検心』をくすぐることで、子どもたちをはじめ、参加者みんながマップづくりに夢中になり、自然に学ぶという魅力がある」と言われる地域安全マップ。その効果は単に子どもの防犯意識を高めるだけではないという。同時にそれはコミュニティの一員としての自覚を育《はぐく》むとともに、コミュニティそれ自体を成長させていくとされる。

マップづくりの過程で行うフィールドワーク（街歩き）では、子どもたちは街に住む人たちにインタビューすることで、自分たちを守ってくれる大人たちが数多くいることを知り、自分の住む地域に愛着を感じるようになる。一方、マップづくりをする子どもたちを見かけたり、インタビューに協力することによって、大人たちも地域の子どもたちを守ろうという意識が芽生え、子どもたちと一緒になって「犯罪に強い街」づくりに励む。

（『子どもは「この場所」で犠牲になった』）

地域安全マップの作成もまた、参加者の防犯意識を高めるとともに、コミュニティの再生をもたらしてくれる活動なのだ。

このような活動が空前の広がりをみせていく。

〇五年七月、東京都で子どもの安全を確保するため、都内の学校教員、警察OB、地域防犯ボランティアを集めて「東京都安全・安心のまちづくりアカデミー 地域安全マップ専科」が開催された。そして同年、六七人の指導員が誕生し、都内の小学校をはじめとする各地の講演会に派遣され、地域安全マップ作成の指導をし始めた（〇六年度は一五〇人の受講者が予定）。また、文部科学省も〇五年十二月に「登下校時における幼児児童生徒の安全確保について」という通知を全国の教育関係者に出し、小宮信夫式の地域安全マップづくりを要請した。

かくして、〇五年から〇六年にかけて、つまり広島や栃木の女児殺害事件で社会が騒然とし、子どもの安全への危機感が頂点に達する中で、地域安全マップは燎原の火のごとく全国の小学校に広まっていったのである。〇六年六月になされた文科省の調査では、マップを作成している小学校が全国で九〇パーセントを突破した。

快楽と不安が共存する

だが、そこで決して検証されようとしないことがある。

はたして地域安全マップの作成は、本当に防犯上の効果を持つのかということだ。

そもそも環境犯罪学が教える危険な場所では、本当に犯罪が多発しているのかすら実は明らかではないのだ。

ところが提唱者の小宮信夫によると、地域安全マップの成果はもっと別の場所にあるらしい。彼は次のように述べている。

成果の最たるものは感動ですよ。かかわった人たち全員が感動できる。最もうれしいのが、子どもたちとマップづくりで街を歩いてみて、子どもたちが、よかった、ありがとうと言ってくれたとき……みんなで一つのものをつくったという達成感かな。文化祭とかスポーツと同じような感覚だと思う。

(『AERA』二〇〇六年六月十九日)

現在、地域で推進されている住民たちの防犯活動は、いずれも実態なき犯罪不安に駆り立てられたものである。しかも、その背後には「やりがい」や「いきがい」といった手応え、コミュニティが再生し、そこに参加しているという喜びがともなっている。

つまり、不安と快楽とが結びついて防犯活動が推し進められているのだ。

地域安全マップを支えているのも、結局のところはこれとまったく同じ力学である。『AERA』の記事をまとめたジャーナリストの藤井誠二は、地域安全マップがもてはやされている現状を次のように読み解いている。

子どもだけでなく他者への関心を失いつつある共同体に活を入れるような小宮理論は、子どもの「生命」を抜きには成立しない。無邪気な感動だけではないはずだ。感動と危機。小宮がもてはやされるのは、それらが両立してしまう皮肉な社会を私たちが生きていることの証明であるとも言えないか。

（『ＡＥＲＡ』二〇〇六年六月十九日）

地域コミュニティが空洞化したとする不安とともに、子どもの「生命」への危機感が異常に肥大化していった。そこで「子どもの安全」を旗印とした防犯活動が推進されるが、子どもが襲われるという危機感と、コミュニティが再生されていく喜びとが交錯していく中、危機と感動、つまりは不安と快楽の歪《いびつ》な結びつきに駆動されて、地域社会はセキュリティに覆い尽くされていくのだ。

快楽と不安が両立してしまう皮肉なセキュリティ社会。

それでは、そのような社会の帰結は一体どのようなものなのか。

住民たちが防犯活動に立ち上がり、セキュリティが地域社会を覆おうとする中、それでは人びとは安全と安心を手にすることができたのか。あるいは、手にしつつあるのか。

最後にこの問いに答えて、本章を閉じよう。

他人を見たら不審者だと思え

地域社会がセキュリティに覆われようとしていた最中、二〇〇六年三月、『朝日新聞』の投書欄に佐賀県在住六十九歳の男性から次のような文章が寄せられた。

近くの公園を散歩していたら、桜の木のわきの細い道に、白い袋が転がっていた。小学校の通学路にあたり、児童の落し物と思い、手に取ってみたら、確かに小学校の学校名が見てとれた。

そこへ数人の児童が運よく通りかかった。「落とし物だよ」と差し出すやいなや、カタカタとランドセルを鳴らして逃げ出した。

相次ぐ園児、児童殺害事件で、見知らぬ人の誘いに乗らないようにと、学校で口酸っぱく教え込まれているせいなのだろう。むなしくなった。人を信じてはいけないという悲しい現実。世の空虚さを覚えた。（中略）人を見たら疑え、寄り道をするな。人命擁護が大事とはいえ、小さいころに植え付けられた人間不信はたまらないと思う。警察やパトロール隊に通報されなかったのが幸いだと思い、袋を桜の枝にぶら下げた。

（二〇〇六年三月七日）

最近、このような声をあちこちで耳にするようになった。「見知らぬ人を見たら不審者だと思え」というのが、地域に生活するすべての住民の合言葉になってしまったかのようだ。また、防犯ボランティアに従事する人たちからすら、「普段着の時は、パトロール隊の格好をしている時のようには、子どもたちに声をかけられない」という声もよく聞かれるようになっている。

「相互不信社会」の誕生

地域コミュニティの空洞化が治安悪化をもたらしている、それゆえコミュニティの再生こそが治安回復の鍵となる、ここ十年くらいこのような言葉がずっと唱えられてきた。

そして、子どもの安全を守るために住民たちがいよいよ立ち上がり、防犯活動に参加することでコミュニティ復活の手応えを感じ始めた現在、はたして「健全な地域コミュニティ」が再生されつつあるのかと言えば、皮肉なことに現実に生み出されているのは地域の連帯どころか、子どもに声をかけたら不審者扱いされるという「相互不信社会」なのだ。

だが、なぜ私たちの社会は、かくも人間不信を募らせてしまったのだろうか。たとえば、「安全・安心の街づくり」プロジェクトの理論的な根拠である環境犯罪学。これはあくまで犯罪が起こりやすい「場所」に注目する理論であるのだから、人間不信や社会的な弱者への差別を生むものではないし、ましてや現在のような不審者監視とはまったく無関係だと主張される。だが、はたして本当にそれは正しいのか。
環境犯罪学の推進者、小宮信夫は次のように述べている。

私たちが抱く不安は、必ずしも犯罪それ自体ではありません。駅の周囲に若い人たちがタムロしている。酔っ払いが大声で歌いながら道を歩いている。あちこちに落書きがある。ゴミが散らかっている。あちこちの窓ガラスが割れている。空き家が放置されっぱなし。でも、それらを放置しておくと、やがて犯罪に繋がるのです。
(「街頭の監視カメラとプライバシーの問題を考える」、『安心な街に』二〇〇三年五月号)

環境犯罪学は「いかに犯罪が起こりにくい環境を整えるか」ということにしか関心を持たないという。しかしながら、小宮の発言に見られるように、それは結局のところ「人間」に返ってくるのだ。秩序正しい生活環境を整えようとする人びとにとって、不快や不安を与えるものはモノであれ人であれ、すべては同じ「悪の芽」でしかないからだ。

このような理論の危険性とは、地域住民が秩序意識に過敏になると、秩序を乱す振る舞いに対して神経質になることだ。あたかも、毎日、部屋をきれいに掃除している人にとって、ただ一つの「ゴミ」が目ざわりになるように。そして、地域から排除すべきゴミの中には、秩序を乱すとされる「人間」が含まれている。

犯行の動機などはどうでもよく、犯罪の「予兆」を見つけ出し、取り除くことが大事だと説く犯罪学は、かくして最悪のかたちで人間の排除に奉仕してしまうリスクをともなっているのだ。

このような犯罪理論をベースに、「安全・安心の街づくり」プロジェクトが推進されているわけであるから、そこにかたちづくられる地域社会が監視の眼差しに貫かれ、相互不信状況に陥《おちい》るのも必然的なことだ。

そして、このような環境犯罪学的な関心が共有されればされるほど、人びとはますます犯罪不安に取り憑かれ、地域社会は牧歌的なコミュニティから程遠い性格を帯びていくだろう。

落とし物を差し出した老人が小学生に逃げられたとする先の投書を読んだある女性は、後日、次のような意見を『朝日新聞』の投書欄に寄せた。

子どもたちを人が信じられない子に育てたくないが、事件が起こる度、やはり私も子どもたちに「知らない人がお菓子をあげるっていっても、ついていっちゃダメよ」と話をしてしまう。
先日、散歩に出かけた時、手をポケットに入れたまま、子どもたちを乗せた乳母車に近付いて来るおじさんと出会った。
おじさんは手を出し「かわいいねぇ」となでようとしただけだったが、その頃、刃物をポケットに隠し持ち、いきなり子どもを切りつけるという事件を聞いた直後だったので、血の気が引いた。

（『朝日新聞』名古屋版、二〇〇六年三月十八日）

ここに書かれている男性の振る舞いは、子どもに差し向けられたきわめて自然な愛情の発露だ。かつてであれば、それこそ住民同士を結びつけていた機会を提供するものだっただろう。大人が子どもに微笑みかけるというのは、地域コミュニティが生成する日常生活の一コマのはずだ。だがそれが「殺されるかもしれない」という恐怖の瞬間と化してしまっているのだ。

これこそがセキュリティ社会、現在の「治安共同体」の現実だ。

警察と住民とがそれぞれの利害と関心を満たしながら、防犯を軸に地域コミュニティの再生をめざす時、そこでは犯罪不安は鎮められるどころか、ますます肥大化するばかりである。

そして、住民たちの生活する日常の風景は一変するのだ。地域コミュニティの再生どころではない。まったく反対に、見知らぬ人が不審者の仮面をかぶって現れるこの治安共同体では、住民たちは相互によそよそしい、時には恐怖すべき存在と化すのである。

不安と治安の悪循環

しかも問題は、このように推進されている防犯活動には、これで充分だという限界がないことである。なぜならそれは、治安悪化のイメージがもたらす根拠なき不安に駆り立てられたものだからだ。

二〇〇六年八月、内閣府が「子どもの防犯に関する特別世論調査」結果を発表した。これは子どもの防犯を対象とした初めての意識調査である。そこで四人に三人が「子どもが犯罪被害に遭うのではないか」と不安を感じていることが明らかになった。そして、政府に望む防犯対策として、「警察職員によるパトロール」が五四・〇パーセント、「通学路上の安全の確保（防犯灯の設置など）」が五一・九パーセント、「身近な不審者情報の発信」が四九・九パーセントと、警察などによるセキュリティの強化を求める声が多く上がった。一方で、地域の防犯活動に参加する意向を示した人も七三・四パーセントに達し、自衛意識がかつてない高まりを見せているとわかった。

だが、この調査で興味深いのは、「不安になる理由」についてだ。「近所で子どもが巻き込まれた事件が発生したから」がわずか一二・一パーセントであったのに対して、「テレビや新聞で、子どもが巻き込まれる事件がよく取り上げられるから」が八五・九パーセント、そして「地域のつながりが弱く、近所の住民の顔をほとんど知らないから」が三三・二パーセントであった。

ここから明らかなように、結局のところ子どもの安全への危機感を醸成しているのはメディアであり、それとともに地域コミュニティの空洞化といった不安なのだ。

かくして、社会は「醒めない悪夢」の悪循環に巻き込まれる。

日本のどこかで子どもが殺されるような事件が発生すると、メディアの報道を介してそれが住民たちにさらなる不安を呼び起こす。その不安がセキュリティのさらなる強化を求め、コミュニティの再生を合言葉に住民たちを防犯活動へと駆り立てる。だが、そのような活動は安全や安心をもたらすものではまったくなく、逆に不審者への脅威に敏感になることでかえって不安を高めてしまう。そして、つねに燻《くすぶ》り続けているこの不安の火種が、さらなる凶悪事件とともに燃え上がるのだ。

こうして社会は不安と治安の終わりなきスパイラルに巻き込まれる。まだ遭わぬ犯罪に過度な不安を覚え、そして過剰なまでの警戒態勢を敷《し》くならば、それが解かれる日は決してやってこないだろう。不安に駆動されたセキュリティの推進は、メディアによって日々、供給される恐怖を糧に強化されていくだけだからだ。

学校で事件が起きれば学校のセキュリティの強化が、通学路で事件が起きれば防犯パトロールの強化が、そして学習塾で事件が起きれば講師採用の基準の強化が……といった具合に、社会のさまざまな場面にセキュリティが拡散していくのだ。

誰にとっても息苦しい

次の文章は二〇〇五年十二月に起こった塾講師による女児殺害事件の時の記事だ。

これでは子どもを塾にもやれない。子を持つ親は、途方に暮れる思いだろう。……広島と栃木で小学校1年生の女の子が下校中に殺される事件が相次いだばかりだ。通学路の安全を守ろうという動きが各地で広がってきたところへ、今回の事件である。子どもの安全な場所がますます狭まっていく。……

学生は2年前、同志社大学の図書館で女子学生のカバンから財布を盗み、見つけた警備員を殴ったとして逮捕された。……

逮捕から5カ月後、塾は学生を講師として採用した。採用にあたって、教育の場にふさわしい資質かどうかを様々な角度から確かめる必要があったろう。

（『朝日新聞』「社説」〇五年十二月十三日）

「子どもの安全な場所がますます狭まっていく……」だが、子どもの安全な場所を狭めているのは、大人たちの根拠なき犯罪不安とコミュニティ再生へのノスタルジーであり、そして不安と快楽によって支えられた私たち自身のセキュリティへの意志なのだ。

私たちは現実のリスクをもっと冷静に知る必要がある。

1章でも浜井が人口動態統計から数字を出しているが、警察庁の犯罪統計にもはっきりと、子どもが殺害される事件が減少していることが示されている。たとえば、昨今、メディアで問題になっている小学生が殺害される事件であるが、一九九〇年以前と比較して大幅に減少したまま安定している。最も多かった七六年が一〇〇人、八二年は七九人、それ以降、目に見えて減少し続け、〇五年は二七人である。

しかも、殺人事件の統計は未遂を含むものであること、さらに子どもが殺害される事件の大半は家族などによる虐待であることを考え合わせると、見知らぬ不審者に命を奪われた小学生の数は、実際はほとんどいないというのが現実なのだ。

だが、現実にはほとんど起こらない「他人による子どもの殺害」を防ぐために、私たちはセキュリティを社会の隅々にまで浸透させようとしている。そのような相互不信社会は、はたして現実の数字と釣り合ったものなのか、そうした問いはまったくと言っていいほど浮上しない。

現在、「子どもの安全」という題目のもと、先に見たように治安関連の措置に多くの予算がつけられている。だが、例外的な事件を一般化することで注ぎ込まれる予算は、はたして適切なものなのか。それはいたずらにセキュリティ産業を肥えさせるだけではないのか。あるいは、現在のようなセキュリティは、具体的にどの程度の防犯効果が期待できるのか。結局のところ、単に不安を煽っているだけではないのか。

こうした事柄が議論されることなく、単なるイメージや感情に基づいてセキュリティが強化されるならば、その時生まれる社会は結局のところ、誰にとっても生き難い息苦しい社会でしかないはずだ。

排除されるのは誰か

しかも、そうした社会は犯罪に強いどころか、以下に見るように社会的弱者にきわめて不寛容な社会である。

医者から「自閉傾向がある」と診断された川崎市の男性Bさん（28）の家族は悩んでいる。

Bさんは子どもが好きで、道で見かけるとほほえんで見つめる。にこにこしながら独り言を言ったり、ぴょんぴょんはねたりすることもある。現在は無職だが、陶芸家になることを目指して週4回教室に通う。ほかに水泳、絵画教室、ジョギングなど、1人または家族の付き添いで積極的に外出してきた。

昨年12月の夜、近所の住人という男性4人が訪ねてきた。「見つめられて子どもたちが怖がっている。何とかできないか」

（『朝日新聞』二〇〇六年一月二十五日）

Bさんの母親は普段から「人をじろじろ見てはダメよ」と言い聞かせてきたのだが、この時は「この街にいられなくなるよ」とさらに厳しく叱らねばならなかったという。また、その一年半ほど前には長年、通っていた水泳教室を辞めさせられていた。近所で不審者騒ぎが頻発し、「みんなが怖がっている。辞めてほしい」と告げられたからだ。母親は「小さな子を守らねばならないのは当然だけど、息子のことも分かってほしい」と思っているが、それを言える雰囲気ではないと感じているのだ。

ある防犯パトロール隊のスローガン。

「不審な行動をとる人を厳しい目で見つけ出し、すばやく警察に通報します」

こうした言葉が物語るように、防犯パトロールでは不審者という以外、まったく監視する対象が限定されていない。

だが、不審者とは一体、誰のことなのか。

生活時間帯が多くの人とは異なる職種の人間、失業者やホームレス、精神障害者や知的障害者、在日外国人など、「普通の人」とは異なる生活リズムやスタイルを持つ人びと、結局はこうした者たちが不審者と見なされるのだ。

それは揃いのジャンパーに身を包み、「防犯」という腕章をつけた善意の住民たちの目に、異質な者として映る者たちでしかない。だが、そうした異質者たちが不審者として、今社会から排除されている。

治安共同体と呼ぶのがふさわしいコミュニティ、それこそが現在、私たちが向かおうとしている社会の姿なのだ。

4章　厳罰化がつくり出した刑務所の現実

浜井浩一

不審者とはどんな人か

これまで述べてきたように、治安悪化は実は「神話」であるにもかかわらず、多くの人にとって、疑いようのない事実となってしまっている。

2、3章で芹沢一也が指摘したように、「醒めない悪夢」に引きずり込まれた社会は、犯罪者や非行少年をモンスターと見なした。そして異質な者を次々と排除しようという不寛容な社会が形成されてきた。

「子どもの安全」を旗印に、セキュリティが強化され、市民による不審者狩りが行われ、地域にとって、挙動不審で異質な者は次々と警察に通報されるようになった。

しかし、不審者とはどんな人だろうか。これは、きわめて曖昧な概念であり、おそらく正確にイメージできる人はいないであろう。同時に、犯罪者についても具体的なイメージを持てる人は少ないのではないだろうか。外から侵入してくる、狡猾《こうかつ》で、姿の見えない不気味な存在、それが犯罪者のイメージなのかもしれない。

とにかく、自分たちとは異質な存在が多くの人にとっての犯罪者のイメージであろう。

このように漠然とした異質な存在を相手に、社会や家族を守るためどのように戦えばよいのだろうか。漠然とした敵には、漠然とした対策しか採りようがない。

現在、進められている対策は「不審者狩り」のような力による威嚇《いかく》と監視強化である。しかし、こうした対策は、治安悪化という根拠のない前提をもとにしており、対象も不明確な曖昧なものである。そうしたものに、はたして効果があるのだろうか。副作用はないのだろうか。

科学的根拠はあるか

根拠のない神話に基づいて現実化されたのが、二〇〇四年末に行われた刑法改正による重罰化である。国会の審議を聞いていると、改正の大きな目的として、刑罰の威嚇効果による治安回復が挙げられている。治安回復と言うからには、治安が悪化したという認識（前提）があり、その上で、刑罰の威嚇効果で凶悪犯罪が減少するという仮説があるものと思われる。

審議の最中に、威嚇効果の科学的根拠を聞かれた法務大臣は、「犯罪を抑止する機能があるものと信じています」と答弁していた。

これは、何も法務大臣に限ったことではない、法制審議会や衆議院・参議院の法務委員会の議論の中でも、何人かの議員から同様の質問がなされたが、科学的根拠は提示されないまま、「治安は悪化している」「重罰化には犯罪抑止効果はあるはずだ」という漠たる思いだけが語られた。

しかし、国家の基本法である刑法の改正が、「漠たる思い」と「効果を信じている」という(刑罰)信仰によって行われてよいのであろうか。信仰に基づく対策は、われわれの社会に何をもたらすのだろうか。

過剰収容というレトリック

私は二〇〇三年まで法務省に勤務していたが、二〇〇〇年に法務総合研究所の研究官から刑務所に異動した。法務総合研究所は『犯罪白書』をつくっている部署でもあるが、一九九九年から二〇〇〇年にかけては暴力犯罪を中心に認知件数が飛躍的に上昇したため、私の後任者たちは、〇一年以降の白書から日本の治安悪化を特集した。

私が異動した刑務所も、次第に受刑者が増えて深刻な過剰収容に陥った。治安が悪化して、犯罪が増えれば、受刑者が増えるという、一見すると当然の現象のようにも思える。

でも何かがおかしかった。「治安が悪化した結果としての過剰収容」というレトリックには、何か違和感があった。この違和感こそが、私が治安悪化に疑問と関心を持つようになった理由である。

ところで刑事司法において、刑務所はよく「治安の最後の砦」と言われている。それはなぜか。まず検察庁に事件送致されて受理された人のうち、実刑判決を受けて刑務所までたどり着くのは二パーセント未満である。つまり、刑務所は、警察から始まり、検察、裁判を経由した選《え》りすぐりのエリート犯罪者がたどり着く最後の場所であるとされているのだ。ゆえに刑務所が崩壊したのでは、刑罰の執行が保証されなくなり、日本の治安は維持できない。「治安の最後の砦」とは、そういう意味の言葉である。裏を返せば刑務所は、国の治安状況や刑事政策・犯罪対策の結果を代表しており、刑務所を見ればその国の治安がわかるということでもある。

そこで、ふたたび私の疑問に戻るが、治安が悪化した結果、刑務所が過剰収容になったのであれば、当然刑務所には、治安悪化をもたらした元凶である犯罪者が収容されているはずである。しかしやはり何か違和感があった。

刑務所での私の役職は首席矯正処遇官（分類審議室担当）というものであった。仕事の内容は、分類業務と呼ばれるもので、新たに刑が確定した受刑者の心理テストや面接調査、処遇施設の決定、従事する作業の決定、仮釈放の審査、釈放時の保護などを主な業務としていた。私は、その責任者であったが、過剰収容の折から、部下だけでは人手不足であり、受刑者との面接調査も担当していた。

私が刑務所に勤務するようになって間もなく、部下や他部門とのやりとりの中でおかしなことに気づいた。過剰収容によって、次々と受刑者が確定し、拘置所も刑務所も受刑者であふれかえる中で、刑務所内のいくつかの工場から、以下のような要請が相次いでいたのだ。

「受刑者が足りないので至急補充してもらいたい。このままでは、作業に支障が出てしまいます」

そこで、あらためて担当者である考査統括（受刑者の分類調査・移送・作業指定などを担当する幹部職員）に事情を聞くと、こう回答された。

「受刑者はいくらでもいると言いますが、まともに作業ができる受刑者はほとんどいません。皆、老人か、障害者か、病気持ちばかりで……」

労働力にならない受刑者たち

増員の要請があったのは、いずれも刑務所を維持する上で必要な経理作業か、または、正確な機械操作が必要とされる作業の従事者であった。このような受刑者は刑務所では、一般的に「経理要員」と呼ばれる。

経理要員になるために特別な資質は必要としない。要件は、ごく単純である。まずある程度健康であること、高齢者ではないこと、普通程度の知的能力を持っていること、暴力団に所属していないことである。その上で、大工・左官経験やボイラー・調理師の資格を持っている受刑者はさらに重宝される。

経理要員を確保できなければ、刑務所運営そのものに支障が生じてしまう。そのため、私は、「早期発見・早期治療プラン」と称して、拘置支所とタイアップして、経理要員となる可能性のある候補者を拘置所の段階で探しておいてもらい、刑が確定した翌日に分類の職員が拘置支所まで出張して調査を実施し、人材を確保する方策を考えた。

しかし、結果として、これは問題解決にはならなかった。前倒しで調査を実施しても必要な人材を確保することができなかったのである。

私の勤務していた刑務所は、いわゆる「累犯刑務所」と呼ばれる累犯者や暴力団関係者などの犯罪性の進んだ受刑者を主として処遇する施設であったが、同時に定員五〇〇人以上の巨大な拘置支所と定員一〇〇人程度の中規模拘置支所を二つ併設していた。

そのため、他の刑務所と比較すると新確定受刑者も大量に抱え、経理要員も比較的確保しやすい施設であった。にもかかわらず、なかなか経理要員を確保することができなかった。受刑者は、さばききれないほど増加しているのに、普通に働ける経理要員は慢性的に人手不足であった。

所長から、「構外作業要員（刑務所の塀の外側で清掃活動などをする受刑者）を増やせないのか。二、三人の受刑者のために職員が張り付いているのはもったいない。受刑者はいくらでもいるだろう」と指示されても、「適任者がいません」と回答するしかないという状況が、離任の日まで続いた。

老人・障害者・外国人

そこで、あらためて刑務所の置かれた状況をできるだけ客観的に見つめ直してみた。その結果わかったことは、新たに刑が確定する受刑者のほとんどが、作業をする上で支障となるハンディキャップを持っているということであった。

ハンディキャップの多くは、六十五歳以上といった年齢、生活習慣病を中心とする疾病、手足の麻痺、視力低下、難聴などの身体障害、知的障害、覚せい剤後遺症による幻覚などの精神障害、そして、外国人であるがゆえ、の言葉の障害である。

刑務所は作業の種類や機械ごとに、危険度と安全基準が細かく定められている。これらのハンディキャップを持つ受刑者は、作業中の事故防止を図るために設けているこの安全基準をクリアすることができない。と言うのも、難聴の受刑者を機械作業に就けて、指示や注意が聞こえず事故を起こした場合や、高血圧症や心臓疾患のある受刑者を肉体労働に就けて作業中に倒れた場合などには、彼らの障害を承知した上で作業をさせていた刑務所に責任が発生するからである。

外国人の場合も同様である。どんなに日本語が得意であっても、日本語の読み書きができない場合には、機械操作の失敗で事故が発生した場合、機械のマニュアルを理解できない受刑者を機械操作に就けていたということで、安全基準をクリアしていないことになる。

こう考えていくと、たとえ調理師資格を持っていたとして、本人が希望しても、これらの障害を持つ者を経理作業の一つである調理作業に従事させることはできない。

まるでリハビリ施設

受刑者のほとんどは懲役刑を科せられており、刑務所内での作業義務がある。刑務所は、社会復帰のための更生施設であることを謳っているものの、元来、ある程度健康な者を対象として刑罰を執行する機関として設計されており、障害者のリハビリ施設としての機能は持っていない。

大きな障害を持つ受刑者は、刑務所内でもある意味で「お荷物」と言わざるを得ず、働く場所を確保するのは容易なことではない。残念なことではあるが、彼らの中には、集団生活になじまないとされ、「昼夜間独居処遇」と言って一日の大半を単独室で過ごさせる処遇になり、個室内での房内作業に従事しなくてはならない場合も少なくない。

私が面接した受刑者の中にも、社会復帰に備えたリハビリ的な観点からも、一般工場での作業に就けるべきだと考えるケースは多くあったが、過剰収容下の刑務所に、彼らの介護をしながらリハビリ的に作業を実施するような人的、物的な余力はほとんど存在しなかった。

しかし、何もせず手をこまねいていたわけではなく、私の場合も、保安や刑務作業を担当するため強い発言権を持つ処遇部に協力を求めながら、処遇改善を行っていた。少ないスペースを活用して、これらハンディキャップを持つ受刑者のために、養護工場（障害等で集団行動ができない者をリハビリ的な観点から作業させる工場で、軽作業を中心とし作業時間も一般工場より短い）を新設・拡充し、経理受刑者を介護者として配置し、できるだけ多くの受刑者を昼夜間独居から工場に出すように試みた。

しかし、養護工場の定員をどんなに増やしても、増加する受刑者には追いつかず、スペースだけでなく、介護者としての経理受刑者も十分には確保することができなかった。さらに、養護工場といえども工場である以上、集団をつくって作業をさせるため、障害の程度が重い場合や、階段の昇降に支障がある場合などには、工場での作業に従事させることはできない。

ある高齢受刑者との面接

昼夜間独居に収容されている受刑者に対しては、定期的にカウンセリングを兼ねた面接を実施することになっており、調査官（心理技官）に代わって私が実施することが多かった。

次の事例は、いったんは更生したものの、加齢によって働けなくなり、ホームレスとなったうえに、生活に困窮し、ひもじさから再犯した知的障害受刑者との面接記録である。日本のセイフティーネットがいかに穴だらけであるかをよく示している。

軽度の知的障害に、老衰が加わり、思考能力が衰えているため、周囲との意思の疎通が困難であり、また、動作も非常に緩慢であることから集団生活が不適当として昼夜間独居となっている事例である。

居室を出てくる時から、ふらついていて、職員の指示も十分には理解できない様子が見られた。制止されるまで、私のほうにふらふら近づいてくる。動作も緩慢で、質問に対しても、意味がよくわからないのか、すぐには反応しない。繰り返し言葉を選びながら質問し続けると、何とか理解した様子を示すが、回答は投げやりで、言葉もはっきりしない。

独居生活について尋ねると、人と話ができないためさみしいとは感じている様子だが、工場への出役希望を聞くと「今さら、もうこのままでいいです」との回答。食事や睡眠等について聞くと、「だいじょうぶ」と答えている。投薬を受けているようなので、何の薬を飲んでいるのかを尋ねると、「黄色い丸いやつ」とのみ答えている。何の薬なのかも十分には理解できていない。

引き受け先として本人が希望していた横浜の更生保護施設から引き受け不可通知が来ていることを告知し、東京の更生保護施設を希望することもできるので、願いを出すようにと助言したが、どこまで理解しているかは不明である。

出所後の生活を聞き始めると、むっとした表情になり、「年をとると、ぼけちゃってしょうがないですよ」「おれなんか生きていてもしょうがないんだ」等、はき捨てるように話している。

彼は、今回が二回目の受刑であるが、前回の刑務所出所は三〇年も前のことである。初犯出所後は知的障害を抱えながらも、土木作業員などで何とか自力で生計を維持し、再犯することなく一旦は更生した状態にあったが、高齢化し、次第に体の自由がきかなくなってからはホームレス状態に陥り、コンビニからつまみ一袋の万引きで執行猶予刑となった。しかし、執行猶予後も、福祉機関等から何ら保護を受けられなかったことから、ふたたびホームレスとなり、本件であるさつま揚げの万引きを起こしている。ホームレスになった後、生活保護を受けるために近くの福祉事務所を訪ねているようだが、「住所がなければ受け付けられない」と言われたらしい。

出所後の生活に対する不安や、自分の置かれた状況に対する絶望感が強く、かなり自棄的な状態にあり、動静には若干の注意が必要かもしれない。面接途中でトイレに行きたいのか、むずむずし始めた様子で、突然席を立って「部屋に帰りたい」と申し述べたため、面接を終了した。

知的障害に加えて、老化も進行しつつあり、集団生活は困難であると判断せざるを得ない。出所後の生活を考えると、リハビリも兼ねて養護工場への出役も考慮すべきかもしれないが、現在のところ本人に出役意欲はなく、しばらくは昼夜間独居で様子を見るしかなかった。

元気な受刑者はどこにいる

刑務所の現実は不自然極まりない状態であった。

一部学者やマスコミによると、受刑者が増加しているのは、治安が悪化し、犯罪が増加・凶悪化した結果であるとされている。ならば、「治安の最後の砦」である刑務所には、治安悪化をもたらした犯罪者があふれていなくてはおかしい。

しかし、現実には、元気な受刑者はほとんど見当たらない。健康でありさえすればできるような作業に従事させるための受刑者すら見当たらず、ほとんどの受刑者が何かしら作業上の支障をもたらす問題を抱えていた。どう考えても矛盾している。治安悪化が、高齢者や障害者によってもたらされているとは考えにくい。

よくよく考えてみれば、刑務所内であろうが、一般社会であろうが、仕事で必要とされる人材は同じはずである。懲役刑という強制労働を科す目的でつくられ、全員雇用が原則の刑務所で仕事が見つからない受刑者は、当然のこととして、社会でも失業していたはずである。つまり、増加する受刑者の多くは、先述の事例で紹介した受刑者のように、労働力として一般社会で需要がなくなった者たちでもあった。

外国人受刑者は「凶悪」か

外国人受刑者の場合も、労働者として不要となったという意味では同じである。

私の勤務していた刑務所には、日本語を解さない者を含めて二〇〇人以上の外国人受刑者が収容されていた。中国人・イラン人・ヴェトナム人・ブラジル人などが中心であったが、彼らの多くは、非合法な就労ではあっても賃金を得るために来日し、バブルの崩壊によって仕事を失い、生活に窮して罪を犯した者が大半であった。

一部報道で、中国人受刑者について、「日本の刑罰は軽い。日本の刑務所は三食付いて仕事も与えられて、賃金までもらえる。刑務所の賃金は、日本人にとってはわずかだが、中国人にとっては大金だ。中国人にとって日本は、警察に捕まって刑務所に入れられてもたいした問題ではなく、まさに犯罪天国だ」といった論調が見られる。

しかし、これは明らかに中国人に対する偏見である。実際に多くの中国人受刑者と面接してみると、このような主張は事実とかけはなれている。

彼らの多くは、福建省等から就労目的で不法入国してきた者たちであり、日本語はほとんどできない。面接に行くと、異国の地の刑務所で、訳がわからず困惑し、不安に怯えている者がほとんどであった。

加えて、彼らの多くは、不法入国を斡旋《あっせん》する中国人犯罪組織「蛇頭」に二〇〇万円以上の借金をして日本に不法入国している。刑務所で得られる作業賞与金は、月平均四〇〇〇円程度であることを考えると、とても割りに合うものではない。

また、彼ら不法入国者は、いつでも国外に逃亡できるように考えている人も多いが、蛇頭は、入国の面倒しか見てくれない。中国系の不法在留者が帰国するためには入国管理局に出頭するしかない。たまにテレビなどで、「日本の警察はちょろい」と大胆にうそぶく中国マフィアの関係者が出てくるが、刑務所を見る限り、あのような中国人を見ることはほとんどない。外国人は健康上の問題を持つ者は少なかったが、コミュニケーションという障害を持っていることなどから、労働市場から追い出されている。

本当に凶悪な犯罪を犯した者は、外国人受刑者の一部に過ぎない。

ある日の作業指定会議

ここで、新たに入所した受刑者の工場を決定するための面接の一シーンを紹介しよう。受刑者は一人ひとり会場に呼ばれ、各部門を代表する刑務所幹部が面接する。

■一一一番　左足が麻痺している受刑者

面接会場のドアが開く。受刑者が一礼して「入ります」と言った後、書記担当の副看守長が「椅子の前に行きなさい」と指示すると、受刑者はよろよろと行進しながら椅子の前に行き、「一一一番××太郎」と申告する。それを見ていた議長を務める分類審議室長が「何だ、その行進は。もっとしゃんとせんか。やり直し」と怒鳴る。

ふたたびドアに戻ろうとする受刑者を制止し、考査統括が「室長、彼は脳梗塞《のうこうそく》の後遺症で左足に麻痺《まひ》が残っているので……」と割って入る。すると室長は、「そうか、だったらしょうがないな。まあいい。座りなさい。しかし、そんな身体じゃ刑務所は辛いだろう。新入訓練はちゃんとできたか?」と受刑者に向かって問うと、受刑者は「はい。しんどかったです。でも、まだ身体は動きます。掃除でも何でも使ってください」とはっきりした声で返事をする。室長は「お前なー、その年と身体じゃ刑務所はつらいだろう。もういい加減に懲《こ》りろよ」とあきれ顔でいう。

その後、処遇部門の統括をはじめ各部門の幹部が一〇分程度質問をする。

受刑者が面接を終え、部屋を出て扉が閉まった後で、考査統括が「一一一番××太郎」というと、工場を統括している処遇統括が「一五工（養護工場）お願いします」と室長に向かって提案。これを受けて室長が「一五工か。階段は大丈夫か」と問うと、処遇統括が「手すりを使えば何とか歩けます」と答え、最後に室長、「気をつけて使ってやりなさい」と指示。

■六六〇番　日本語が話せない外国人受刑者

ふたたび副看守長「次、入れ」とドアの外の待機室に声をかける。ドアが開く。

受刑者が何も言わず、一礼して、副看守長の指示を待たず入室しようとする。副看守長が「挨拶《あいさつ》はどうした。『入ります』だろ」と指示すると、彼は言葉の意味が理解できず、戸惑った表情を浮かべながら、ドアの外に立っている刑務官のほうに振り向く。その刑務官に小声で『入ります』と言いなさい」と指示されると、今度はわかったのか、片言の日本語で「ハイリマス」といって、懸命に手を振りながら行進して入室。

椅子の前に来ると、ふたたび片言の日本語で「ロッピャクロクジュウバン・リュウデス」と申告する。室長が「劉なんだ」と聞くと、おろおろしながら黙っている。考査統括が「室長。国対F（日本語が話せない外国人のこと）です」というと、「そうか。しょうがないな。おい、日本語わかるか。身体の調子はどうだ」と聞くと「少し、少し」とニコニコしている。処遇統括が、身振りを交えながら「からだ、病気、大丈夫か?・」と言うと、やっとわかったのか「うんうん」とうなずいている。

室長も、それ以上質問してもしょうがないと思ったのか、「規則を守って頑張りなさい。わかったな」と言い渡し、引き上げさせる。受刑者が部屋を出た後、考査統括が、「六六〇番劉です」というと、処遇統括が「八工お願いします」と提案。室長「八工場か。日本語を早く覚えさせなさい」。

■二一三番　幻聴がある精神障害者

次に面接会場に入ってきた受刑者は、少し緊張しているのか表情がこわばっている。震える声で「二一三番××二郎です」と申告して着席する。

室長が「刑務所は三回目か。どうだ、きちんと働けそうか」と聞くと、苦しそうな表情で「電波を通して声が聞こえるんです。前回入っていた刑務所が、いろいろと自分の悪口を電波で流しているので、それを止めさせてください」と訴える。室長がやや困ったような表情で「わかった。電波の件は考えておくから、電波を気にせず作業に集中しなさい。電波以外には問題はないな?」と言うと、「電波さえなくなれば、だいじょうぶです。がんばってみます」と回答。

受刑者が部屋を出た後、考査統括が、「二一三番××二郎です」と言うと、処遇統括が「七工お願いします」と提案。室長「七工場か。幻聴のほうはだいじょうぶか。担当に十分注意して使うように言っておきなさい」。

■五五五番　聴覚に障害のある受刑者

ふたたび副看守長が「次、入れ」と指示。ドアが開く。今度の受刑者は大声を張り上げて「入ります」と挨拶し、指示どおり椅子の前でさらに声を張り上げて「五五五番××三郎です」と申告。

副看守長の指示で着席した受刑者に、室長が「何回目の刑務所だ」と質問すると、耳を室長のほうに向けながら「えっ？　ちょっと耳が遠くて、聞こえないです。もう一度お願いします」と答える。ふたたび室長が「難聴か」と言いながら、大声で「今度は聞こえるか。何回目の刑務所だ」と聞くと、やはり聞こえないのか、悲しそうな表情で「すいません。まだ聞こえません」との返事。進行係の副看守長が席を立って受刑者の耳元で「刑務所は何回目だ」と言うと、やっとわかったのか、嬉しそうに「お恥ずかしい話ですが、一〇回目です」と返事。

二〇人の面接審査が終わった後、室長は「今日も一段とひどかったな。ちゃんと働ける、まともな受刑者はいないのか。経理要員どころじゃない。これじゃ刑務所はもたんぞ」とあきれ顔で席を立とうとしたので、すかさず考査統括が「室長、これはまだ良いほうですよ。ここに出てこられない昼夜間独居処遇の人が一杯いるんですから」と追い討ちをかける。

このように、よく観察してみると、「治安の最後の砦」であるはずの刑務所は、たしかに処遇困難者で一杯になっている。しかし、それは従来よりも手間がかかるという意味であって、凶悪犯罪者というよりは、明らかに労働市場から締め出された、何らかのハンディキャップを持った者たちで埋め尽くされているのだ。

受刑者像を統計で読み解く

さて、次に、過剰収容によってどのような受刑者が増えているのか統計的に検証してみよう。

次の一連の図は、『平成十六年版犯罪白書』（二〇〇四）の過剰収容の特集から抜粋した、

図16　年末・新確定受刑者人員の推移

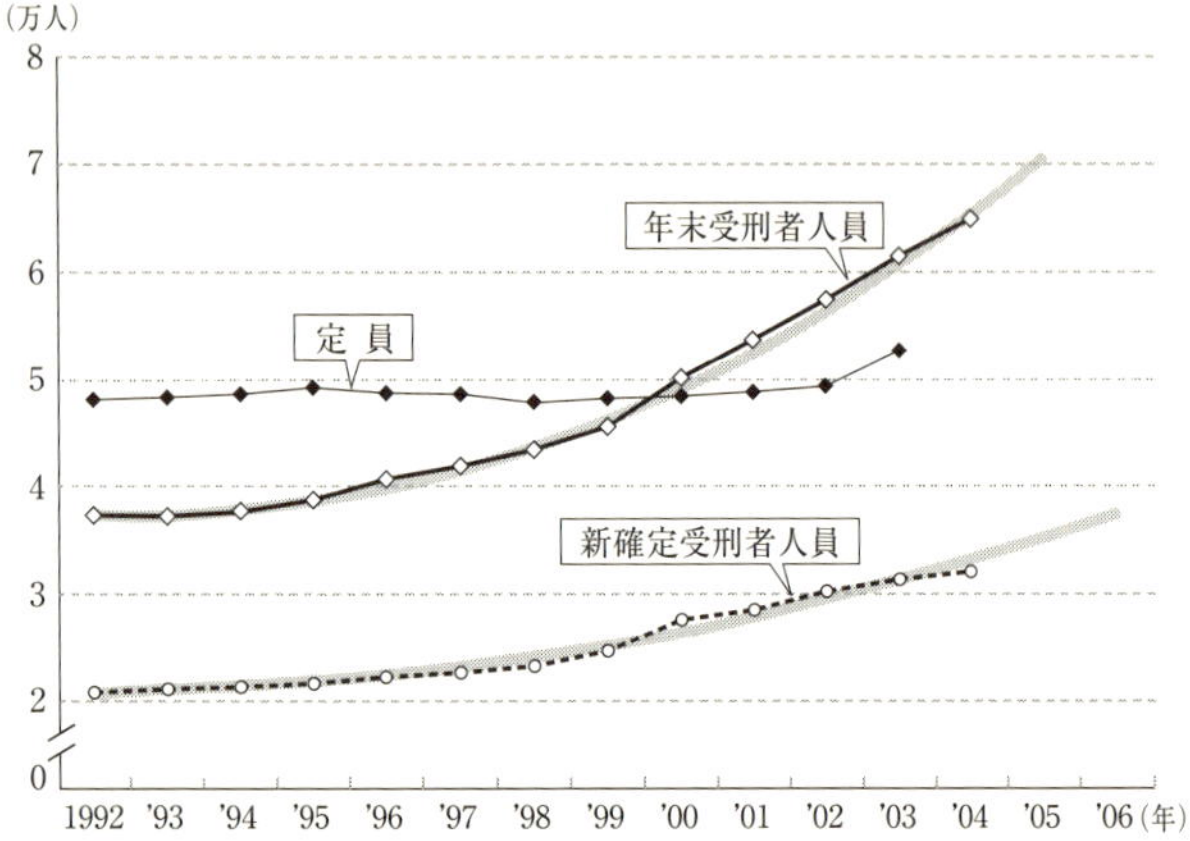

出典）矯正統計年報による

新たに確定した受刑者の特徴を示したものである。

これらを見ても明らかなように、最近、受刑者人口が急激に増加し（図16）、刑期が長期化していること（図17）、さらには過剰収容を生み出しているのは、高齢者（図18）、外国人（図19）、心身障害や重大な疾病を持つ受刑者（図20）、さらには、仕事や家庭を失った受刑者（図21－1および図21－2）である。

いずれにしても、過剰収容をもたらしている受刑者の多くが、何らかのハンディキャップを持っており、また、社会の中に存在するさまざまなセイフティーネットから落ちこぼれた人たちであることがわかる。

図17　懲役新受刑者の刑期別構成比の推移

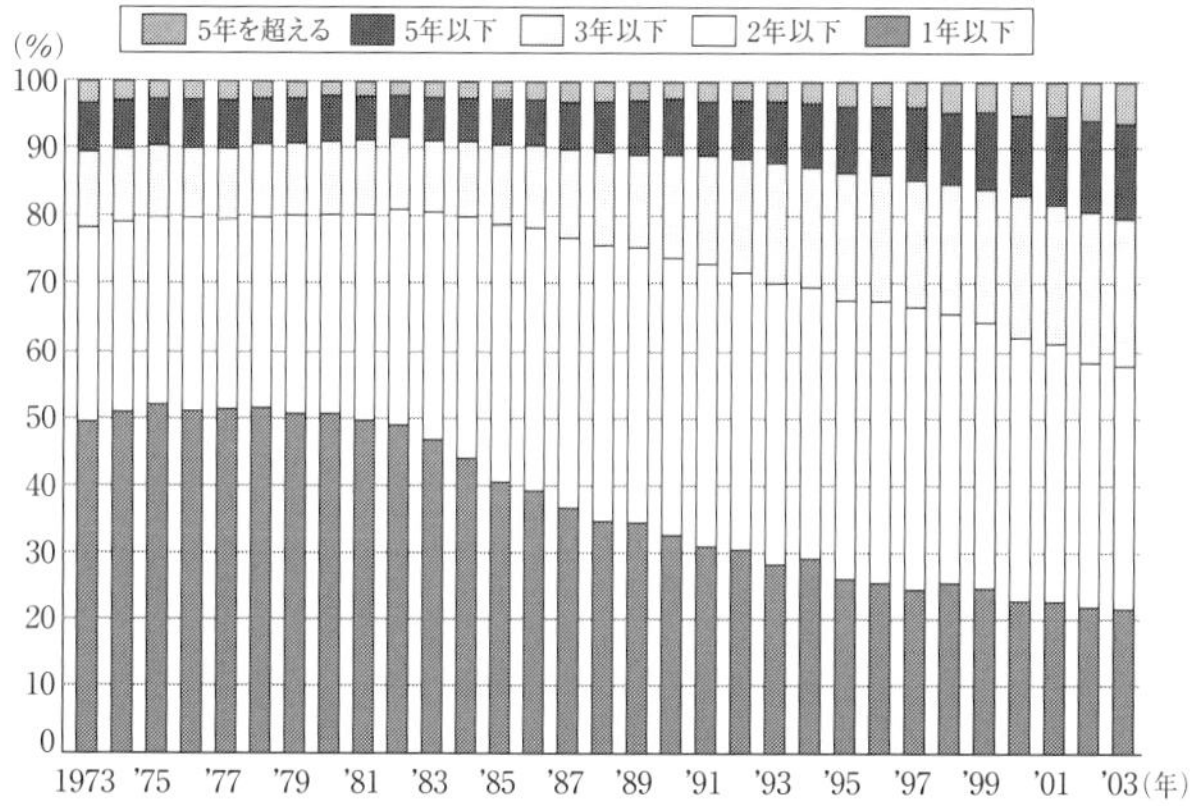

出典）矯正統計年報による
注）「5年を超える」は無期を含む

図18　新受刑者の年齢層別構成比の推移

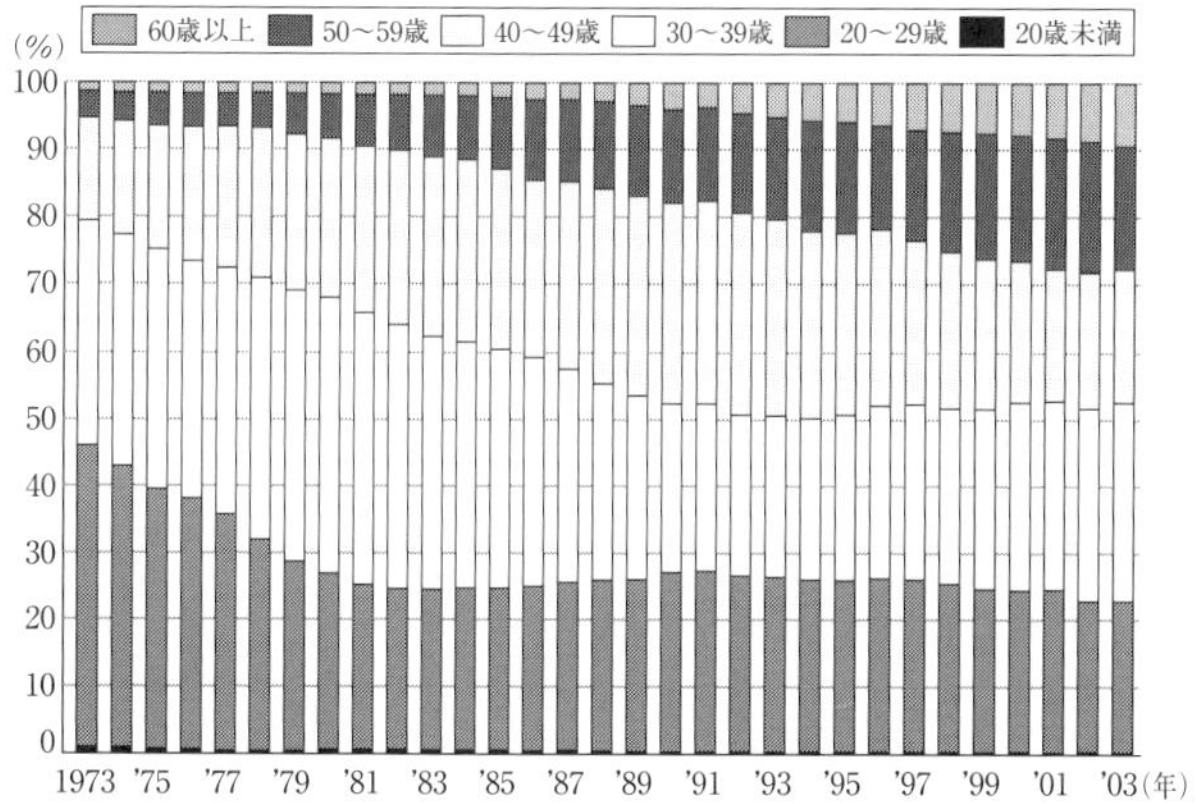

出典）矯正統計年報による
注1）1987年までは、60歳以上の年齢区分は単一であった
注2）『平成16年版犯罪白書』(2004)から作成

図19　新確定外国人受刑者の推移

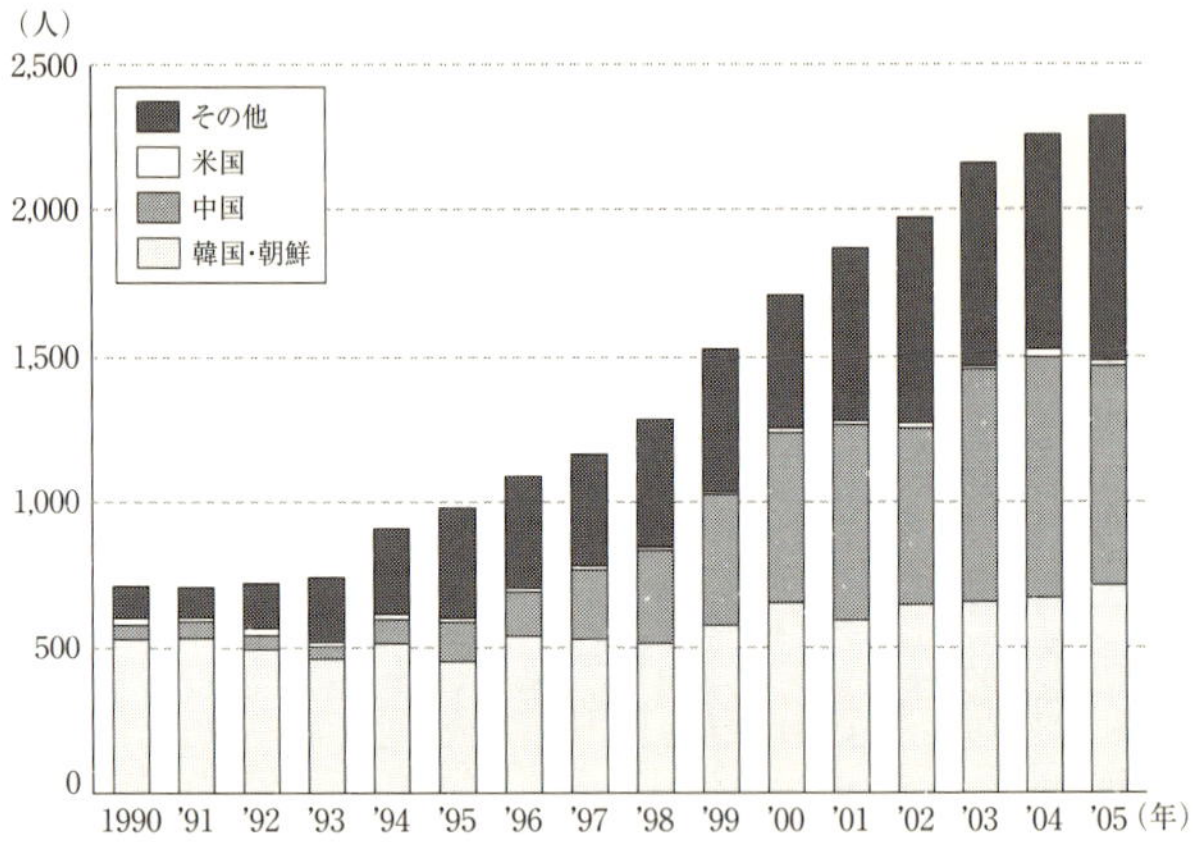

出典）矯正統計年報による

『平成十六年版犯罪白書』（二〇〇四）の文章だけを読むと、次のように書かれている。たとえば、特集部分の「はじめに」の部分にはこうある。

「本年の特集においては、成人犯罪者に対する矯正・保護をテーマとして取り上げた。そして、治安が良好であったかつての『平穏な時代』と対比させつつ、近年の『犯罪多発社会』における成人犯罪者処遇の現状を明らかにし、その課題を探るとともに、今後の議論に資するための資料を提供することとした」

白書の文章を読むと、治安が悪化した結果、

図20　新確定受刑者に占める精神障害者

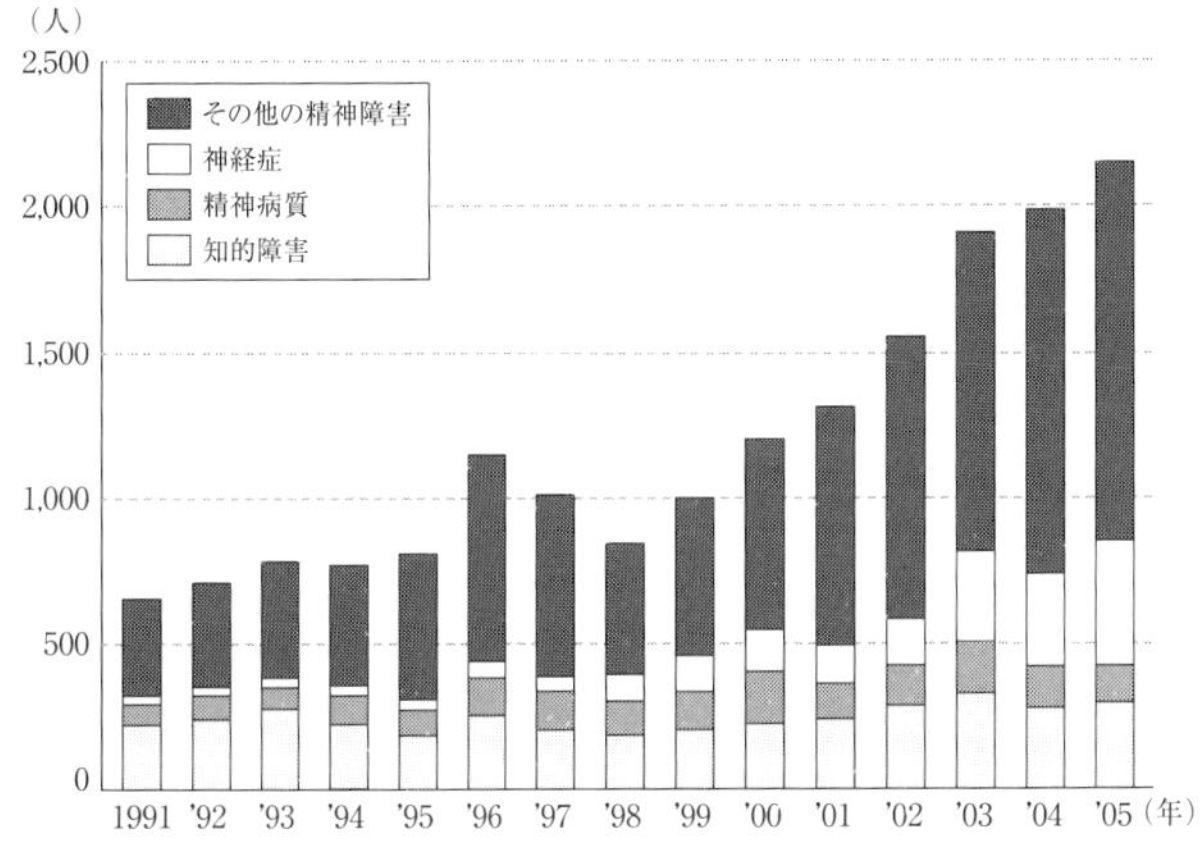

出典）矯正統計年報による

刑務所が過剰収容となったことが前提とされている。しかし、同白書に表れている統計データを見ると、どのような受刑者によって過剰収容がもたらされたのかがよくわかり、この前提には矛盾がある。

官公庁の公的資料である白書は、その発行までに部内での決裁、法務省での決裁（照会）、関係省庁への照会といくつものスクリーニングを経る必要があり、その過程で、いろいろな利害調整や他の政府見解との整合性がチェックされる。つまり白書の文章には相当の手が入ることになる。統計は客観的な数値であるために、あまり手が入らない。白書を資料として分析するコツは、文章にとらわれることなくデータや統計を虚心坦懐《きょしんたんかい》に読み

図21-1　無職受刑者数の推移

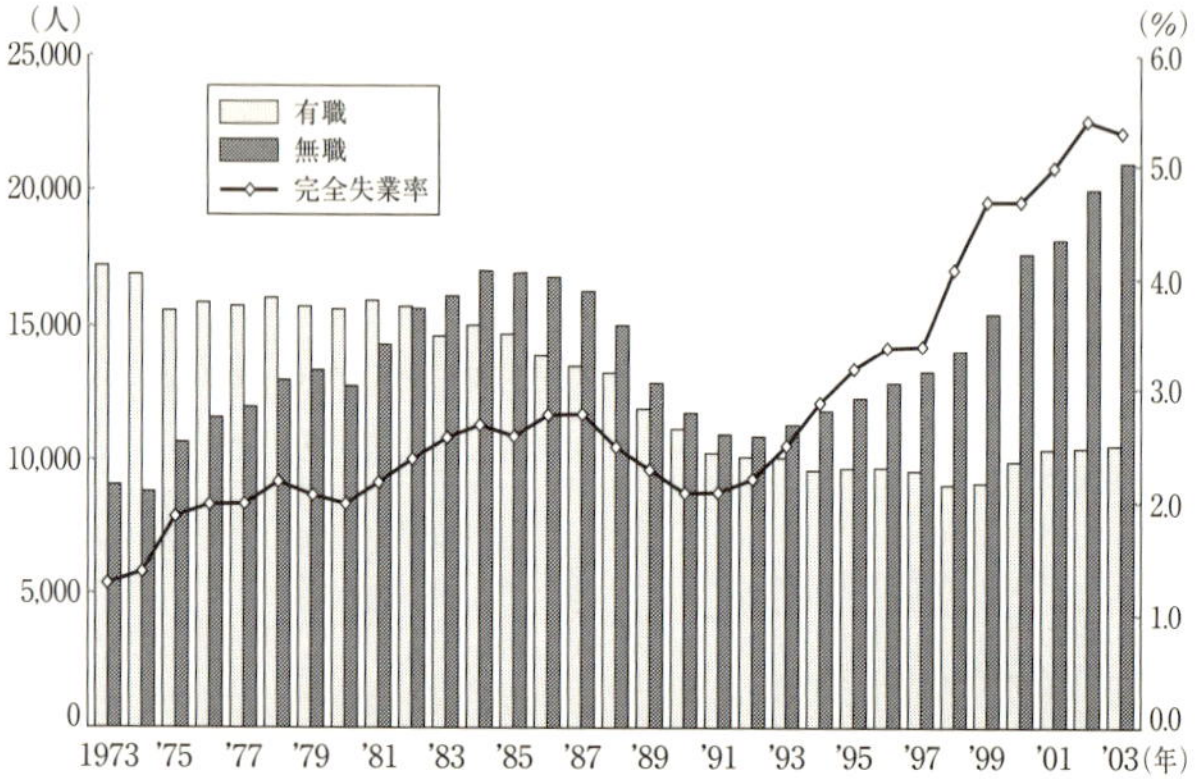

出典1）矯正統計年報による
出典2）『平成16年版犯罪白書』(2004)から作成

図21-2　新確定受刑者の婚姻関係

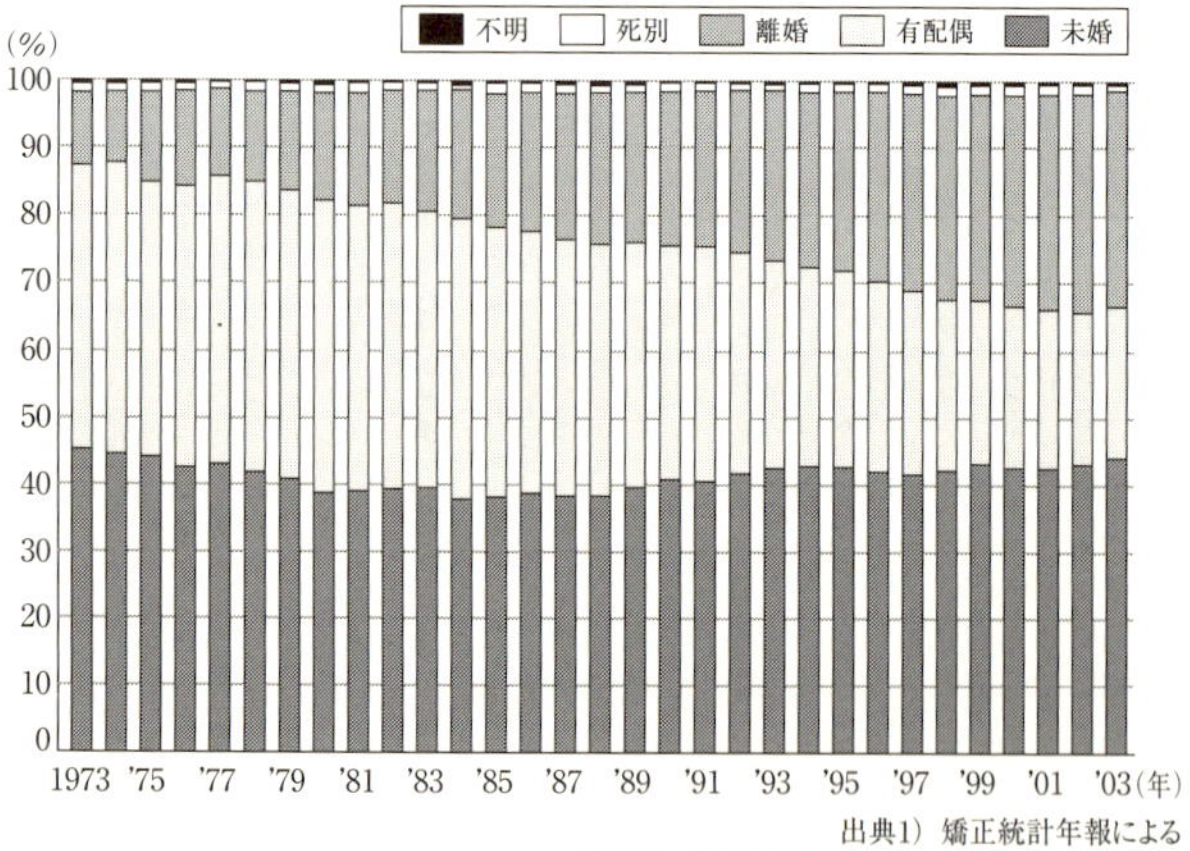

出典1）矯正統計年報による
出典2）『平成16年版犯罪白書』(2004)から作成

図22　高齢化と死亡受刑者数の推移

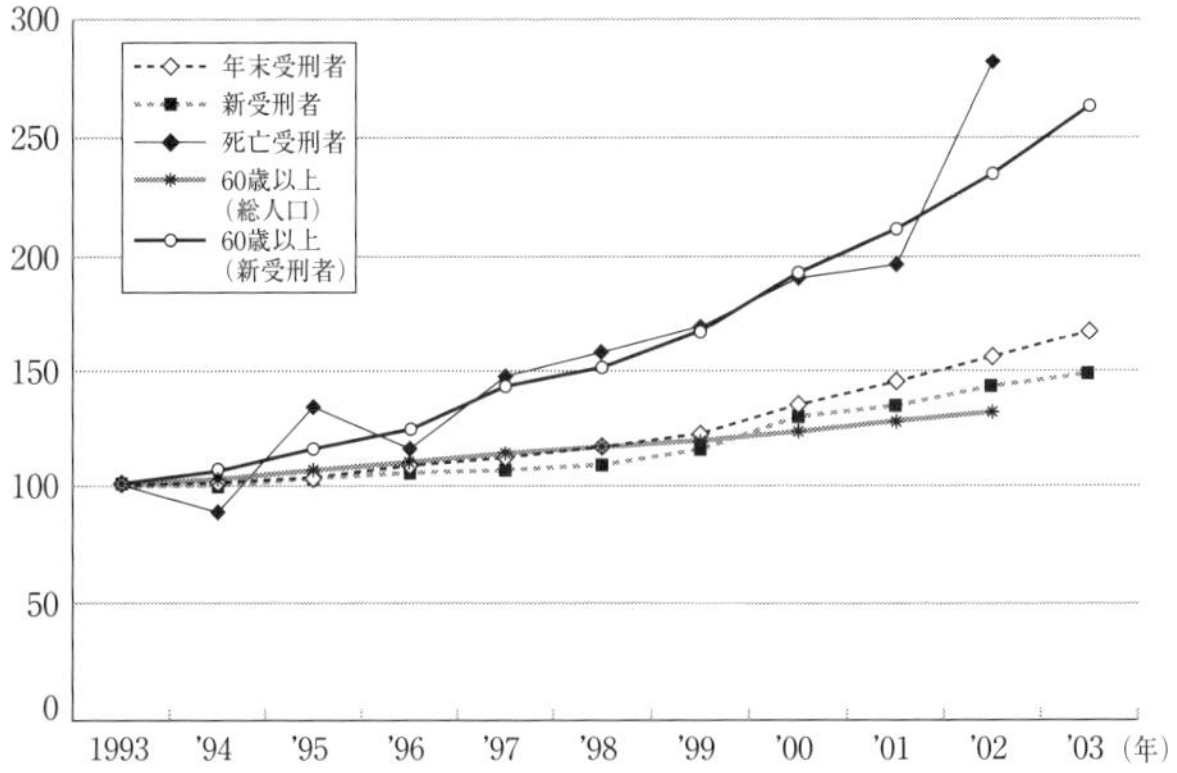

出典）法務省矯正局・厚生労働省の資料による
注）1993年を100とした指数である

取ることである。白書の命はデータにあるのだ。

高齢化する刑務所

さらに、上の図22を見てもらいたい。最近の総人口の高齢化と、刑務所の高齢化の関係および刑務所で死亡する受刑者数の推移を見たものである。

刑務所の高齢化は、一般社会をはるかに超えるスピードで進行し、それにともなって刑務所で死亡する受刑者も急増している。さらに、死因についても分析したが、がん・脳溢《のういっ》血《けつ》・肝臓障害・心疾患など多岐にわたり、すべてにおいて死因が増加している。

また、高齢者以外の死亡者数はほとんど増

加していない。つまり、受刑が原因で死亡しているのではなく、一般社会で死亡していたはずの人が、刑務所で死亡するようになったのである。

これは何を意味しているのであろうか。刑務所は社会を映し出す鏡である。アメリカの研究でも福祉予算の比率が相対的に低く、弱者を切り捨てる不寛容な社会（州）ほど、刑務所人口比が高いという研究がある。

ある矯正関係者に、「矯正統計年報をじっくり眺めていると、いろいろと興味深いことがわかりますよ」と言われて調べてみると、当たり前のことだが、多重累犯者、逮捕時無職者、要介護者、本件無銭飲食者ほど再犯期間が極端に短いことがわかった。

「割れ窓理論」（一六二〜一六六頁を参照）と称する「軽微な秩序違反から犯罪の芽を摘む」というゼロ・トレランス（寛容度ゼロ）的な厳罰化は、自立困難な受刑者を再犯へと追い込み、刑務所に送り込んでくる。

自己責任を謳い、他人に厳しい排他的な社会において、社会的弱者が犯罪者として刑務所に送り込まれるのは自然な現象かもしれない。

刑務所は「福祉の最後の砦」

刑務所に勤務した三年間で強く感じたことは、社会が不要になった人材を刑務所に捨てているのではないかということであった。

現在、政府では過剰収容対策として刑務所の拡充が実施されつつある。

ＰＦＩ方式（公共施設の建設、運営等において民間のノウハウや資金を活用すること）を利用した刑務所の新設も実施に移されようとしている。刑務所の元幹部職員の私としては、現場で働く刑務官のためにも、収容定員の拡大と職員の増員は早急に必要な措置であることに異論はない。

しかし、ここで、少し考えてみる必要があるのではないだろうか。ＰＦＩ方式の刑務所においては、比較的更生の可能性の高い初犯受刑者を収容するとされているが、松山刑務所内の大井造船作業所のように開放的処遇を実施している多くの施設で、適格者の確保が困難な状態にあることを考えると、一定レベルの作業能力のある受刑者を確保することは容易なことではないと思われる。

そもそも現在、刑務所に収容されている受刑者は、本来、刑事司法の中で刑務所が設計された際に想定されていた人たちなのだろうか。

過剰収容下にもかかわらず次々と送られてくる受刑者をさばき続けながら、私が見た刑務所は、「治安の最後の砦」ではなく、「福祉の最後の砦」になっている姿であった。

葬式も、墓参りも

刑務所には、決して受刑者を拒否できないという特徴がある。

何らかの罪を犯し、裁判所で判決を受けた以上、「あなたは、ここにはふさわしくないし、十分な手当てもできないから、福祉事務所か病院に行ってください」と追い返すわけにはいかない。何があっても、決して受け入れを拒否したり、たらい回しをすることができない。

それが刑務所に与えられた使命である。

こうした場所は、社会の中で刑務所しか存在しない。

どのような受刑者であっても、正式に釈放の日を迎えるか、または死亡するまで面倒を見続けるほかない。受刑者が死亡した場合には、できる限りの手段を使って親族を探し出し、遺体または遺骨を引き取ってもらう。

場合によっては、刑務官が飛行機で遺骨を届けに行くことだってある。親族が引き取りを拒否した場合でも、刑務所が葬式を出し、遺骨を墓地に埋葬する。年に数回の墓参りも欠かすことはない。これほど面倒見の良い場所はほかにには存在しないのではないだろうか。刑務所は、受刑者を決して放り出すことはない。ある刑務官は、「耐えるしかない。黙って耐えるのが刑務所の役割だ」と言っていたが、刑務所は、誰も知らないところで、まさに「(社会の、受刑者にとっては人生の）最後の砦」として立派に役割を果たしているとも言える。

もちろん、刑務所は人生の最後を看取るためにつくられた福祉施設ではない。職員は、その目的のために採用され、訓練を受けているわけではないし、奉仕の精神からボランティアを行っているわけではない。

正式に釈放されない限り、刑務所が受刑者を手放す手段は存在しないのである。存在しない以上、何が起きても最後まで刑務官が面倒を見るしかない。逆説的な言い方をすれば、刑を終了した受刑者が一歩門の外に出た瞬間から、その受刑者に対してまったく関知しなかったのも刑務所である。

刑務所人口が増えた理由

ここまで私が体験した刑務所の現実を紹介した。

刑事司法の最終地点である刑務所は、刑事政策を映し出す鏡である。刑務所の受刑者を見れば、その国の刑事政策が社会に何をもたらしているのかがよく見える。治安が悪化したと考え、監視を強化し、地域から不審者を狩り出し、厳罰化を行った結果、大量の社会的弱者が刑務所に送り込まれることになった。

さて、ここで、刑務所が社会的弱者で埋め尽くされるようになった背景を整理しておこう。主に四つに分けて説明する。

第一に因果関係の厳密な吟味は別として、失業率と受刑者人口のあいだには強い相関関係があるのはたしかである。刑務所人口が増加に転じたのは一九九五年ごろからであり、バブルの崩壊による雇用環境の悪化が少なからず影響しているのは間違いない。

高齢化が進行しつつある中で長期的な不況が発生し、構造改革が叫ばれ、体力の乏しい企業は倒産し、比較的体力のある企業ですらスリム化は避けられなくなり、リストラが横行した。それが、社会不安を増大させた。個人を対象として見ると、身寄りのない高齢者・母子家庭・外国人・心身障害者など社会的に弱い立場の者から順に、自立のための生活基盤を失い始めた。同時にセイフティーネットに過剰な負担がかかるようになった。

生活保護を受ける世帯は年々上昇し、それが国や地方の財政を圧迫するようになった。政府は、社会的弱者の自立を支援するための法律をつくり、高齢者の医療費自己負担額を増大させるなど、「自立」をスローガンに社会保障費の負担軽減を図った。その結果、セイフテイーネットからも切り捨てられる人が現れ、ネットそのものも十分に機能しなくなり、こぼれる人々が大量に出るようになった。

ただし、バブルが崩壊して、失業率が増加し、犯罪が増加して刑務所人口が増えたからというだけではちょっと短絡的である。失業率と刑務所人口の増加のあいだには、もっと複雑な要因が介在している。米国の研究では失業率の上昇が社会不安を招き、予防的な意味で刑事司法関係者の取り締まりや厳罰傾向が強まるとの報告もある。

サービス向上を求められて

第二に、情報公開が進んだことに見られるように、行政の透明化・説明責任が求められたことである。

特に刑事司法の分野では、1章で述べたように被害者支援を始めとする刑事司法改革が始まった。同時に、犯罪被害者等に対する刑事司法機関のサービス向上が求められるようになった。

不審者通報を受けた警察が、犯罪性がないと判断して何もしなかったり、児童虐待・家庭内暴力・近隣トラブルなどの通報に対して、独自に犯罪性を判断して介入しなかったりした結果、それが重大事案につながった場合には、警察は責任を追及されるようになった。一九九九年に発生した桶川のストーカー殺人や同年の栃木のリンチ殺人事件がその典型である。検察や裁判所においても、加害者の事情を勘案して起訴猶予や執行猶予にした場合、メディアや被害者から強い非難を受けることが多くなった。

つまり、刑事司法機関において、裁量による処理が次第に困難となったのである。

例を挙げよう。二〇〇一年に明石市で花火大会の見物に来ていた観客が将棋倒しになり、死者一一人を出す大惨事で警備担当者が起訴された。しかし、被害者遺族は警備を担当していた警察署の署長が起訴されなかったことを不服として、検察審査会に二度不起訴不当の申し立てをした。

また、〇六年には、酒気帯び運転中にバイクに追突し、バイクの運転手が重度の後遺症で意識不明の状態に陥った事件で、被害者の両親が、加害者の運転手を不起訴にしようとした副検事の更迭を求めて認められたケースもある。検察官による処分も、常に批判にさらされるようになったのだ。

その結果、ある意味では刑事司法機関の透明性が確保され、裁量的な処分が抑制され、多くのケースにおいて正式な刑事手続(不起訴よりも起訴、略式よりも公判、執行猶予よりも実刑）が選択される傾向が高まった。

「事なかれ主義コンプライアンス」の蔓延

私もかつて公務員であったため、こうした事情はよく理解できる。後で、責任問題に発展することを避けるためには、杓子《しゃくし》定規と言われても、自分で判断せずに、形式的に事案を処理したほうが、たとえ事務量が多少増えても安全である。

個別事情を勘案して主体的に良かれと思って判断して、もし後で問題となったら責任を取らされるのは、担当職員である。責任を取りたくなければ、マニュアル（法令）どおりに行動し、自分で判断しないことが一番である。最近、個人情報保護法の施行後に、公的機関の窓口が、個人に関する情報の問い合わせに対して、同法を理由に、簡単な情報の開示すら拒否することが問題となっているが、これなどもその典型である。

いわゆる「事なかれ主義コンプライアンス」の蔓延である。その結果、よりフォーマルな処理が選択されるようになり、刑事司法の「ネット・ワイドニング」（法の網の目の拡大）という事態が発生した。

加えて警察では、被害相談に対して積極的に対応するだけでなく、これまで取り扱わなかった児童虐待・ストーカー・DV（ドメスティック・バイオレンス）・金融トラブルといった民事的な事件にも対応することが求められ、処理事件数が急速に増加した。それは統計上は、一見犯罪情勢が悪化しているかのように見える事態へとつながった。これが第三の背景である。

第四に、一九九〇年代後半から、犯罪被害者や遺族にマスコミの注目が集まることで、市民にとってこれまで見えていなかったはずの危険が見えるようになり、犯罪と日常の境界が崩れ、犯罪が身近なものとして感じられるようになってきた。いわゆる「安全神話の崩壊」である。

その結果、1〜3章で述べてきたように、市民は治安対策として厳罰化を求め、同時に、自衛のため不審者に対する監視の目を強め、不審者を発見すると警察に通報し、通報を受けた警察は以前のように放置することを許されず、何らかの対応を迫られるようになったのである。

一般市民が通報する不審者は、要するに自分たちとは違う異質な人、あるいは一般人とは異なった言動をする人である。それは、結局のところ、独り言を言って歩いていたり、突然意味もなく笑い出したりするホームレス・障害者・痴呆（認知症）老人・外国人といったことなるのだろう。一般市民の中に彼らの行動を注視し、何か不審な行動があればすぐに通報する人々が現れ始めたのである。

地域社会（コミュニティ）がセイフティーネットからこぼれた社会的弱者を不気味な不審者として排除する以上、不審者の行き着くところは、山や無人島にこもるか、何か違法行為をして警察に捕まるかしかない。

いったん刑事司法の手続きの流れにのってしまうと、後は、他に受け入れ先がない限り、絶対に受け入れを拒否しない刑務所に集まるのは自然な成り行きであるのかもしれない。

過剰収容にならない北欧

何が刑務所人口を増減させているのかを探るにあたり、参考となる研究がある。

二〇〇六年六月にストックホルムで開催された国際犯罪学シンポジウムで、フィンランドの研究者タピオ・ラッピ・セッパラは、過剰収容に関して興味深い発表を行っていた。

彼の発表は、ヨーロッパ各国の刑務所人口の動向や受刑者の人口比を比較しながら、刑務所人口が何によってコントロールされているかを分析したものであった。

彼は、殺人などの犯罪指標に加えて、ジニ係数（所得格差を示す統計指標）、ＧＤＰに占める社会保障費の割合、人や刑事司法に対する信頼等と刑務所人口との相関関係を比較検討した結果、所得格差が少なく、社会保障費の割合が高く、人や社会に信頼感を持っている国ほど、刑務所人口が少ないという結論を見出したのである。

つまり、フィンランドなどの北欧諸国が、他の先進国と異なり、厳罰化や大量拘禁といった社会病理に取り憑かれていない理由は、格差が少なく、弱者に優しい点にあるのである。これは、勝ち組・負け組が明確に分かれ、格差社会が進行しつつあるとされる日本にとっても重要な提言を含んでいる。

相互に信頼がない社会ほど、厳罰化を志向し、刑務所を社会的弱者であふれさせるのである。

日本の罰は寛容なのか

日本が犯罪者に対して寛容であることを示すことわざに、「罪を憎んで人を憎まず」というものがある。もともとは、「故意のない犯罪は罰しない」という意味の中国のことわざであるが、江戸時代から「犯した罪は憎んで罰しても、罪を犯した人まで憎んではならない」と日本風にアレンジされた。

ことわざだけでなく、研究成果としても、日本が犯罪者に寛容な国と指摘する向きがある。国際的に著名なオーストラリアの犯罪学者、ジョン・ブレイスウェイトは、その著書の中で、先進国の中で、犯罪増加をともなうことなく経済成長を成し遂げたのは日本だけであり、しかも、その要因の一つとして日本の刑罰の寛容さを挙げている。

ブレイスウェイトは、アメリカの裁判では、謝罪することが、非（責任）を認めることと評価され、より厳しい刑罰を科されるのに対して、日本では、謝罪することが、反省の態度と評価され、刑の減軽の対象となることを対比しつつ、裁判における謝罪の果たす役割の違いに着目した。

そして、日本では、犯罪者が裁判等において、自らの罪を悔い、謝罪をすることで、刑事司法を含む社会が、その謝罪を受け入れ、犯罪者の社会復帰を促すような、再統合的シャイミング機能（罪を犯した者を反省させ、反省した者を社会の一員として受け入れて更生させるような社会の機能）が社会の中に存在することを指摘し、日本においては、これがうまく機能し、再犯を防止することで安全な社会が保たれていると指摘したのである。

たしかに、日本では、起訴された人のほとんどが有罪となる反面、検察庁に受理され、事件送致された人の二パーセント未満しか実刑判決を受けない。

これは、アメリカなどの先進国と比較すると、きわめて低い実刑率である。そして、統計的に見ても、『平成十一年版犯罪白書』（一九九九）にある通り、示談等によって被害回復の努力が行われた場合には、被害回復の程度に応じて、検察・裁判の段階で起訴猶予・執行猶予が選択される傾向にある。検察官や裁判官の前で謝罪し、その結果、実刑が避けられ、犯罪者が社会に戻されるのだ。

「謝罪」とは何だったのか

一見するとブレイスウェイトの指摘するとおり、謝罪と許しが機能しているようにも見える。

しかし、これをもってして日本社会が寛容な社会だと言えるのか。刑事裁判の中で行われた犯罪者による謝罪は、誰に対する謝罪だったのか。

よく考えてみると、直接の謝罪の対象は、検察官や裁判官である。示談も、検察官・裁判官に弁護士を加えた法曹三者の話し合いの中で行われることが多かったのではないか。

そこに、当事者である被害者や加害者の意思は、どの程度尊重されていたのだろうか。

今から考えてみると、はなはだ心もとない。

犯罪被害者支援の運動が高まり、犯罪被害者の刑事裁判への関与が叫ばれるまでは、刑事裁判には、難解な法律用語や刑事手続を理解する法律家以外の人間が関わる余地はなかった。日本の刑事裁判が寛容だったのは、他の分野同様に官僚支配が徹底され、直接の当事者ではない専門家によって、感情を排して運営されてきた結果かもしれない。

しかし、今や官僚支配の状況が一変した。

一九九〇年代後半になって、犯罪被害者支援の機運が高まるにつれて、刑事裁判においても直接当事者の果たす役割も大きくなったのだ。その結果、犯罪被害者の声やメディアを通した世論は、検察官や裁判官にとっても無視できない存在となり、それが厳罰化への原動力ともなっている。

このように考えてみると、日本人や日本社会が、そもそも犯罪者に対して寛容であったという仮定そのものに疑問がわいてくる。仮に刑事司法機関が、これまで犯罪者に対して寛容であったとしても、それは刑事司法において官支配が徹底され、当事者の影響を極力排除することで成立していたのかもしれない。

死刑判決も無期判決も増加

続いて、刑事司法に関する言説でもう一つの疑うべき前提を紹介しよう。

最近、社会の耳目を集めた殺人事件の裁判で、死刑と無期刑のどちらが選択されるかが議論の対象となることがある。

たとえば、二〇〇四年に発生した奈良の幼女誘拐殺人事件では、被告人の控訴取り下げにより、一審死刑判決が確定した。この判決は凶悪な事件では、たとえ被害者が一人であっても死刑を選択する司法の強い姿勢の表れだとされている。

ここで、最近の死刑と無期刑について、統計的な事実を確認しておこう。

刑事施設における死刑確定者および無期刑受刑者の推移である。次の**図23**と**図24**を見てもらいたい。１章で確認したように、いわゆる凶悪犯罪は増加していないにもかかわらず、無期刑判決も死刑判決も増加傾向にある。さらに顕著なのは、刑事施設における死刑確定者や無期刑受刑者の増加である。刑事施設に収容されている死刑確定者は〇六年には一〇〇人に近づきつつあり、**図23**にあるように無期刑受刑者は一〇〇〇人を突破し、一五〇〇人に達しつつある。

図23　新確定無期刑受刑者・年末無期刑受刑者人員の推移

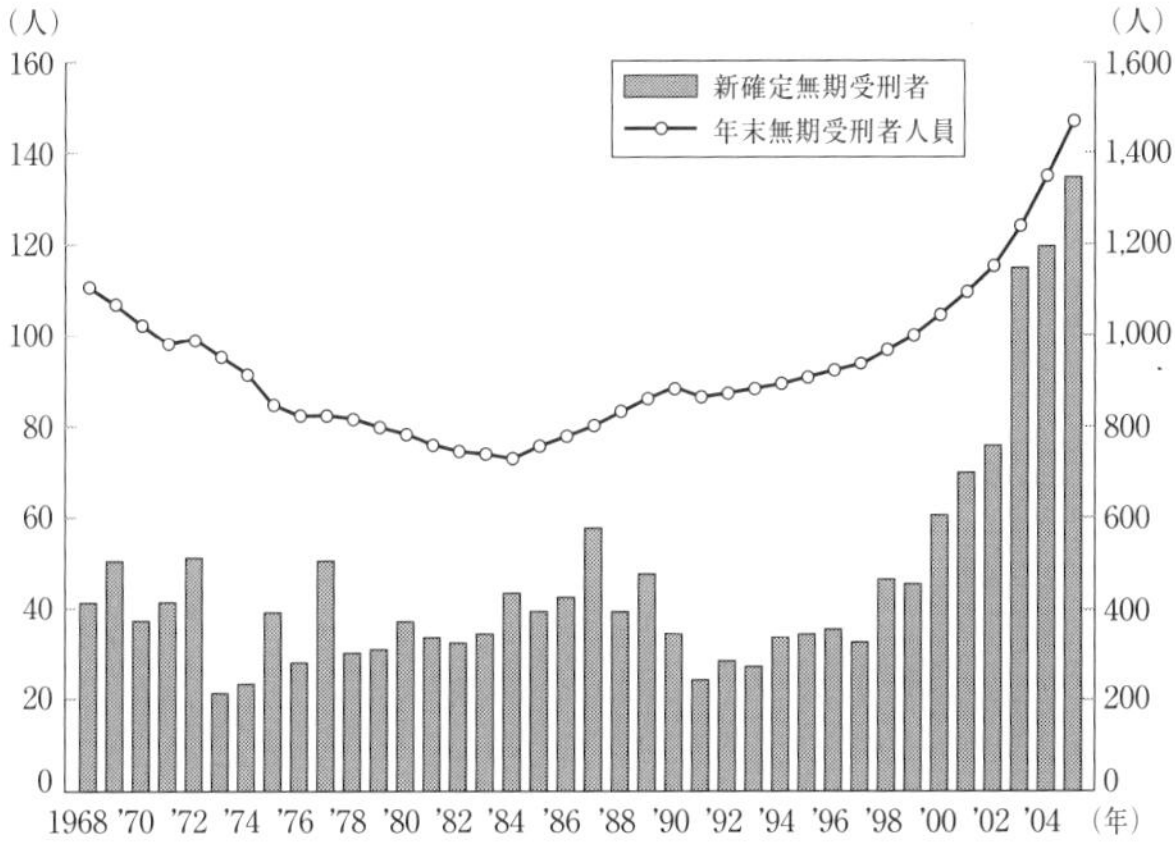

出典）矯正統計年報による

無期刑はほぼ終身刑化

刑事司法関係者を含めて多くの人が誤解しているのが、無期刑受刑者の多くが一五年程度で仮釈放になるという根拠のない噂である。これは、『犯罪白書』を読めば誰でもわかる事実であるにもかかわらず、元裁判官や元検事を含む、多くのコメンテーターと言われる人たちが平気で「無期刑といえども一五年程度で仮釈放になる」と発言するのを聞くことがある。

二二九頁の**図25**は、無期刑受刑者の仮釈放者数と、仮釈放までの在所期間を示したものである。二〇〇五年の仮釈放者は三人で、三人の平均在所期間は二〇年を超えている。同年の新確定無期刑受刑者は一三〇人を超える。

図24　新死刑確定者・年末死刑確定者人員の推移

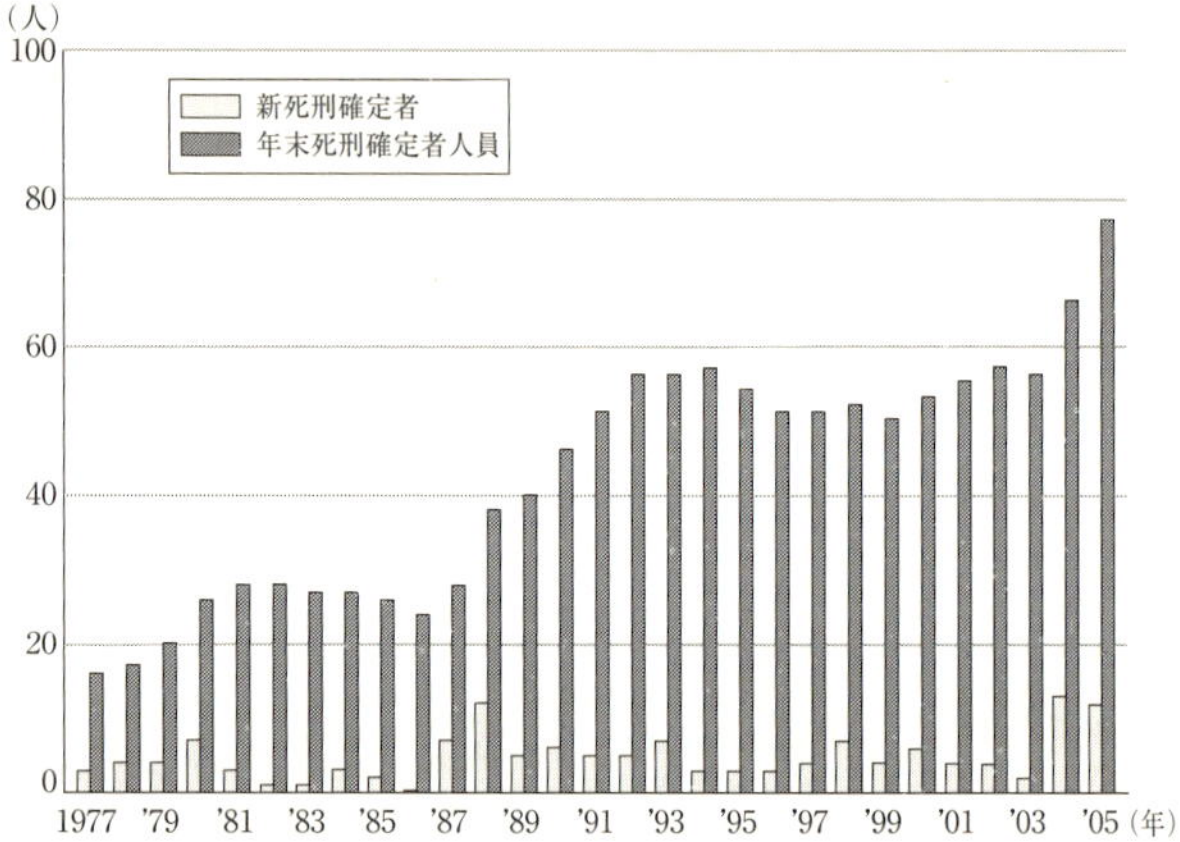

出典）矯正統計年報による

実務的には、人が死亡した事件で無期刑の仮釈放は、よほどの事情がない限り認められない。

つまり、無期刑は運用上、終身刑化しているのが現実である。

厳罰化を議論する前に、まず、現在の刑罰の運用をきちんと押さえておくことが不可欠であると思われるが、厳罰主義者の多くは、なぜか思い込みを正そうとはしない。

ちなみに、〇四年にナッシュビルで開催されたアメリカ犯罪学会では、刑罰による犯罪抑止効果の総合的検証プロジェクトの中間報告がなされていた。そこでは、四〇以上の抑止効果の実証研究をメタ分析という統計手法を用いて検証していたが、重罰化には統計的

図25　無期刑仮出獄許可人員の推移

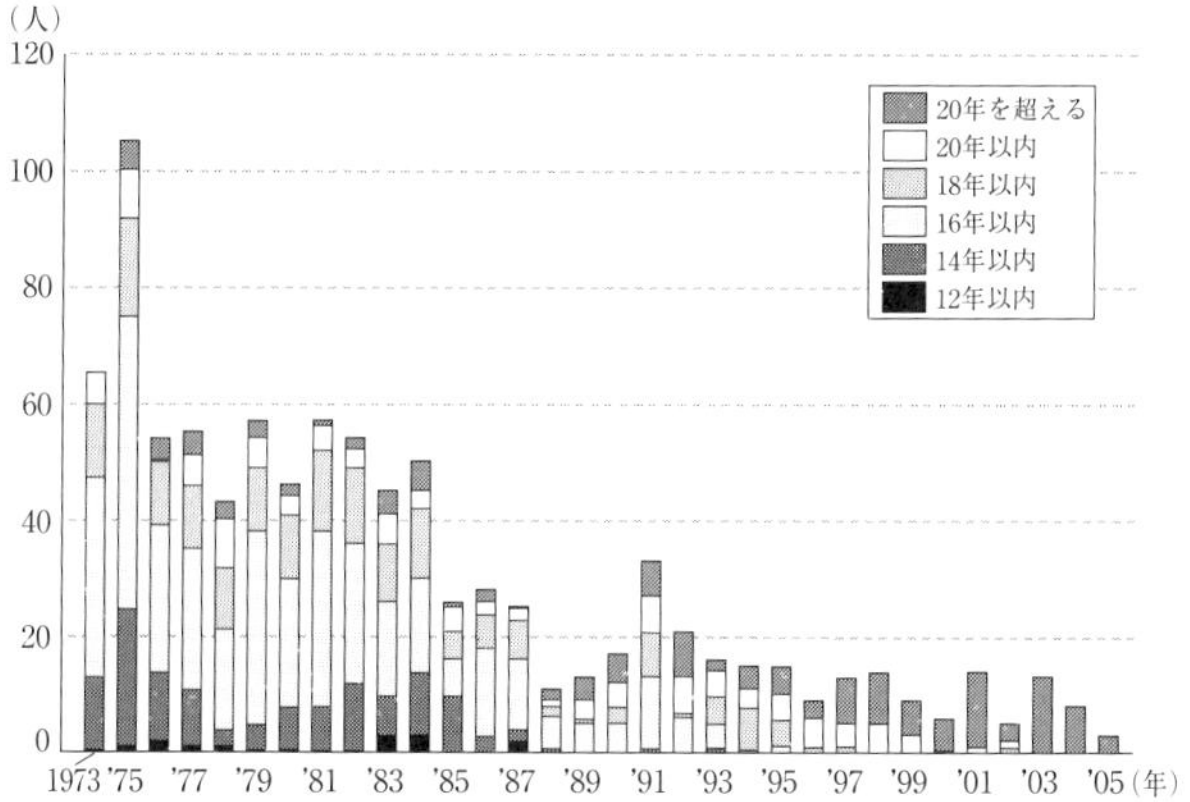

出典1）保護統計年報による
出典2）『平成16年版犯罪白書』（2004）から作成

に有意な犯罪抑止効果はないということが報告されていた。

科学的根拠に基づいた対策を

アメリカ犯罪学会の報告のように統計的事実に基づいて、犯罪対策を検証することは重要である。

私も、二〇〇四年の犯罪社会学会の機関誌『犯罪社会学研究』（第二九号、現代人文社）において、犯罪対策に対する犯罪学からの提言として、いわば〝犯罪学的に正しい〟(criminologically correct) 犯罪対策のあり方についての特集を企画した。

簡単に言えば、犯罪対策を考える際には、犯罪情勢の正確な測定・分析、犯罪発生率とは独立した存在としての犯罪不安の把握、犯罪対策の効果に対する科学的エビデンス、コスト分析を含め、より安価で副作用の少ない対策などを検討する必要があるということである。この考え方の基本にあるのは、「エビデンス（科学的根拠）に基づく犯罪対策」である。この対極にあるのが、〇四年の刑法改正において法務大臣の言葉に示されている「（刑罰）信仰に基づく犯罪対策」と言える。

今回の刑法改正は、科学的エビデンスを検討することなく、「まず刑法の重罰化によって国民に規範の何たるかを示す」ことが掲げられ、その目標に向かって議論が集約された。

この改正は、われわれの将来に何をもたらすのであろうか。

もともと犯罪被害が増加しているわけではないので、警察による事件の掘り起こしによって認知件数が上昇する傾向は一息つきつつある。これは、別に今回の刑法改正の効果ではない。

しかし、その一方で、法定刑の重罰化を受けて、検察・裁判実務での求刑、量刑の全般的な引き上げが行われ、刑務所の過剰収容がさらに深刻化しつつある。

そして、刑務所の新設が余儀なくなっている。そこには国民の税金が大量に投入されることになる。

ここで思い起こされる事例がある。「法と秩序」キャンペーンを旗印に、一九八〇年代に厳罰化政策を推し進めたアメリカでは、犯罪発生率が徐々に低下し始めた八〇年代から現在にかけて、刑務所人口が三〇〇パーセント増加し、二〇〇万人を突破。六〇〇万人以上が保護観察など何らかの司法監視下にある。

アメリカの刑事司法予算はすでに破産状態にある。

「法と秩序」キャンペーンは、いわば「信仰に基づく犯罪対策」の代表であり、その結果は驚異的な大量拘禁である。日本も、今回の法改正によって、大量拘禁への第一歩を踏み出したと言えるのかもしれない。

政府は、〇三年に国を挙げて治安回復に乗り出す意思表示として犯罪対策閣僚会議を設置し、同年十二月に「犯罪に強い社会の実現のための行動計画――『世界一安全な国、日本』の復活を目指して」という文書を出している。ちなみに、この文書では、冒頭「今、治安は危険水域にある」と始まっているが、その根拠は何も示されていない。当然、治安のどこがどのように悪化したかの現状分析も行われていない。

にもかかわらず、重点課題として、少年犯罪や外国人犯罪を取り上げ、具体的な対策として、外国人の出入国管理の徹底と不法滞在外国人の徹底取り締まりを提言している。これと前後して、首都圏の首長たちや、そのブレーンである有識者からも、外国人犯罪の脅威を訴える意見が相次いで示されている。

キャンベル共同計画の挑戦

こうした神話や信仰に基づく刑事政策に対抗するため、冒頭に述べたように、犯罪学の分野では、医学のコクラン共同計画をモデルとして「エビデンスに基づいた犯罪対策」に力を入れている。

ちなみに、コクラン共同計画とは、一九九二年に始められ、国際的規模で急速な広がりを見せている医療情報の評価と普及のためのプロジェクトである。具体的には、世界中で行われた無作為化比較試験（Randomized Controlled Study）について、システマティック・レビュー（収集し、評価を行い、統計学的に統合する）を行い、その結果を世界中の医師、医療政策決定者、さらには一般の人々に提供することを目的としている。

キャンベル共同計画は、これにならって何が犯罪対策として効果があって、何が有害なのかをメタ分析などの統計的手法を用いて系統的にレビューし、科学的に正しい情報を提供しようという国際的な試みである。

日本では、静岡県立大学の津富宏助教授が中心となって、キャンベル共同計画のホームページ（http://fuji.u-shizuoka-ken.ac.jp/~campbell/index.html）が開設され、犯罪対策に関する正しいエビデンスが提供されつつある。

私は、現状認識として治安が悪化していないことを強調しているが、将来も悪化しないと言っているわけではないし、日本で凶悪犯罪がまったく起きないと言っているわけでもない。数こそ減っているが、毎年七〇〇人近い人が犯罪の被害によって大切な命を落としている。備えあれば憂いなし。犯罪に対する備えは必要である。

ただし、その際の備えとしては、犯罪は正しく恐れ、その上で、効果的で副作用の少ない、人々の生活に優しい犯罪対策を考えるべきであろう。もうそろそろ信仰に基づく刑事政策からは卒業すべきなのではないだろうか。

恐怖と不安のサーキット

現在、治安回復のため、警察をはじめとする刑事司法機関の厳罰化と、監視強化による犯罪抑制が行われている。正直なところ、現場は増加する事件等、処理すべき業務量の増加に悲鳴を上げており、適正に業務を処理するためには、現場レベルでの増員は緊急に手当てが必要な問題である。

われわれは、もう一度冷静に考えてみる必要があるのではないか。犯罪は本当に増加しているのか、厳罰化で犯罪は減るのか、大量の犯罪者を刑務所に収容するのが本当に良い方法なのだろうか。アメリカなどの例を見ると、経済不況の緊縮財政下において治安維持費を増額するためには、福祉・教育予算が犠牲になることが少なくないとも言われている。

また先述したように刑務所は、確定した受刑者を拒否することはできない。したがって、裁判所で決定され、刑務所に送られてきた以上、全力で処遇していくほかなく、職員は黙々と目前の業務遂行に努力している。しかし、受刑者の多くは社会的サポートがなく、何らかのハンディキャップを持っているため社会で自立できない人たちである。

ある再入受刑者は面接場面で「先生、私にホームレスになる覚悟があれば、刑務所に戻ってこないかもしれません」と話していた。「ホームレスになる覚悟があれば、ホームレスになる」か「刑務所に入る」かの二者択一しかない社会に日本はなってしまったのだろうか。

二〇〇六年九月に新たに首班指名された首相は、「美しい国、日本」をスローガンとしている。所信表明の中で新首相は、美しい国の姿として、文化・伝統・自然・歴史を第一に掲げ、「私が目指す『美しい国、日本』を実現するためには、次代を背負って立つ子どもや若者の育成が不可欠です。ところが、近年、子どものモラルや学ぶ意欲が低下しており、子どもを取り巻く家庭や地域の教育力の低下も指摘されています」と古き良き伝統の復活を訴えている。

多くの人が共有している、ある種の「古き良き日本へのノスタルジー」であるのかもしれない。〇五年、『Ａｌｗａｙｓ　三丁目の夕日』という映画が話題となった。昭和三十年代、貧しくても家族や地域のつながりや心情の残っていた時代。そして、この時代は、私の生まれた時代でもある。子どもは、近所の人に見守られながら、自然の中で釣りや虫取りに興じ、木登りをしたり、時にはガキ大将がいて殴り合いのケンカをしたりすることもあったが、それゆえに命の大切さや殴られる痛みを知ることができたとよく言われる時代。

しかし、この時代は、戦後、少年非行が最も凶悪かつ増加した時代でもある。理由とも言えない理由で子どもが短絡的に子どもを殺す事件や、幼い少女をわいせつ目的で誘拐し殺害する事件、家族同士で殺し合う事件が現在の何倍も発生していた。当時の新聞を少し調べればすぐにわかることである（たとえば、「少年犯罪データベース」というサイト〔http://kangaeru.s59.xrea.com/index.htm〕がある。ここには、子どもが子どもを殺した事件や、子どもが性的な目的のために犠牲となった殺人事件などを新聞等で調べて時系列的に列挙している）。

学校で愛国心と規範意識を教えることで統率の取れた社会をつくり、割れ窓理論とゼロ・トレランスで、地域社会から不審者を刑務所に追いやる、一見きれいな社会をつくることが本当に「美しい国」なのかどうか、よく考えてみるべきではないだろうか。

おわりに

本書の共著者である浜井浩一氏の論考を初めて読んだのは、前著『ホラーハウス社会――法を犯した「少年」と「異常者」たち』（講談社＋α新書、二〇〇六年）を出版してから間もなくのことだった。『ホラーハウス社会』の編集をしていただいた安原宏美氏に教えられたのだが、彼女によれば私（芹沢）と同じ問題意識に基づいた論考だと知人から勧められたとのことだった。

それが「日本の治安悪化神話はいかに作られたか――治安悪化の実態と背景要因（モラル・パニックを超えて）」（〇四年）、本書『犯罪不安社会』1章のベースとなった論文である。一読してとても驚いたことを覚えている。『ホラーハウス社会』で行った思想史的な考察と、浜井氏の統計を中心とした分析の結論がまったく一致していたからだ。

すべての統計は日本が先進国で最も安全な国であることを示している。にもかかわらず、なぜ人びとのあいだに治安が悪化したという思い込みが、すなわち「治安悪化神話」がこれほどまでに広まったのかという分析を、浜井氏は反論の余地のないほど説得力をもって行っていた。

次いで読んだのが、「過剰収容の本当の意味」（〇二年）という論文である。ここ数年、刑務所では過剰収容が問題となっている。それは治安悪化の結果だと説明されている。そして、日本の治安が崩壊し、凶悪犯罪が増えたために、刑務所は過剰収容に陥っているのだと。だが浜井氏の論文はまったく違う現実を明らかにしていた。実際には凶悪犯どころか、精神障害者や知的障害者、高齢者や仕事を失った外国人など、刑務所は社会的弱者で溢れかえっているというのだ。

つまり、過剰収容は治安悪化の結果ではなく、治安悪化「神話」の帰結だということだ。『ホラーハウス社会』では、治安悪化という思い込みが惹起《じゃっき》する不安のもと、子どもの安全をスローガンにして相互不信社会が生まれつつあり、それが社会的な弱者を不審者として排除することにつながると分析した。浜井氏の論文はそのような社会の現実を、刑務所の現状分析によって白日のもとに曝《さら》していたのだ。

二つの論文を読んだとき、『ホラーハウス社会』での分析に意を強くしたのだが、その時は浜井氏とともに本を書くことなど夢想だにしていなかった。

私と浜井氏を協同させたのは安原氏である。それは統計的な実証や現場での経験をもとに分析を行う浜井氏と、思想史や社会学のアプローチで分析する私とを組み合わせることで、治安悪化神話を崩壊させようという使命感に駆られたものであった。

その使命感は、少しでも人に優しい社会を願う思いによるものである。

現在、メディアから行政にいたるまで、治安悪化が当然であるかのように前提となっている。治安悪化を前提として報道が行われ、また政策決定がなされているのだ。だが、メディアは正しい現実を伝えているのか。治安関連の行政につけられている莫大な予算は適切なものなのか。地域安全マップの作成や防犯パトロールなど、現在さまざまに行われている活動は、防犯上はたして本当に効果があるのか。

こうしたことが問われることは、ほとんどない。

その傍らで現に進行しているのは、安全で安心な地域の実現どころか、相互に排他的な共同体の出現である。

私たちの社会は子どもの安全を旗印に、社会的な弱者を次つぎと排除していっている。子どもという無垢な存在の生命を守ると称する社会は、一見したところ、住民たちへの配慮に満ちた優しい社会に見えるかもしれない。だが、事態はまったく逆なのだ。そのような社会はセキュリティに意を注ぐことにのみ熱心で、最も大切な人びとの雇用や健康、生活環境を守るという意志を後退させていくからだ。

結局、現れるのは、社会的な弱者の生存に最も冷たい社会となる。このような社会ははたして望ましい社会なのか。もっと真剣に考えるべきではないのか。自分は弱者の立場には置かれないと信じ込んでいるならば、それは楽観的すぎる。

本書を執筆するにあたって、ここ二十年くらいの資料に目を通した。だが、これは自戒を込めて言うのであるが、犯罪をめぐって語られたことの多くは、たんなる「おしゃべり」の域を越えていない。このことはメディアや社会に対して批判的であると自負する言論人であっても変わらない。とくに2章の記述を読んでもらえば理解していただけると思うが、評論家の解釈であれ、精神科医の診断であれ、あるいは社会学者の分析であれ、いずれも床屋談義以上のものではなかった。

私たちはそろそろ無駄なおしゃべりは止《よ》したほうがいい。また、そうした無駄話に耳を傾けるのは止《や》めたほうがいい。同じ社会を生きる誰にとっても優しい社会をつくりあげるために、現在、起こっていることの正確な情報を共有しつつ、必要とされる手当ては何なのか、そのためにはどのような方途を取るべきなのか、こうしたことを冷静に議論すべきなのである。

本書はその一助となることを願って書かれた。

本書出版にあたって、光文社の黒田剛史氏は二人の共著者の主旨を理解し、陰にひなたに作業を進めてくださった。さまざまな配慮に心から感謝している。

芹沢一也

参考文献

●1章

Best, Joel., 1999, Random Violence, University of California Press.

Gravosky, P. N., 1995, Fear of Crime and Fear Reduction Strategies. Trends & Issues, No.44. Australian Institute of Criminology.

Jones, Marsha., 2000, Moral Panic Revisited, Sociological Review 9 (3)

浜井浩一・岡田和也ほか「第1回犯罪被害実態（暗数）調査」（『法務総合研究所研究部報告』一〇号、二〇〇〇年）

石井雅博「警察安全相談業務の推進」（『捜査研究　創刊600号記念増刊号』二〇〇二年）

河合幹雄『安全神話崩壊のパラドックス』岩波書店、二〇〇四年

地域警察活動調査研究委員会『交番・駐在所の活動に関する世論調査』社会安全研究財団、二〇〇一年
前田雅英『日本の治安は再生できるか』ちくま新書、二〇〇三年
重久真毅「『ストーカー行為等の規制等に関する法律』施行後1年を経て」(『捜査研究　創刊60号記念増刊号』二〇〇二年)
所一彦「犯罪・非行と安全」(『犯罪社会学研究』一五号、一九九〇年)
読売新聞政治部『法律はこうして生まれた』中公新書ラクレ、二〇〇三年
社会安全研究財団「犯罪に対する不安感等に関する世論調査」社会安全研究財団、二〇〇二年
浜井浩一編著『犯罪統計入門』日本評論社、二〇〇六年
法務総合研究所『犯罪白書』国立印刷局、平成十三〜十七年版
和田仁孝「『個人化』と法システムのゆらぎ」(『社会学評論』五四(四)、二〇〇四年)

●2章

朝日新聞大阪社会部『暗い森——神戸連続児童殺傷事件』朝日文庫、二〇〇〇年
伊賀興一ほか『なにが幼い命を奪ったのか——池田小児童殺傷事件』角川書店、二〇〇一年

一橋文哉『宮崎勤事件――塗り潰されたシナリオ』新潮文庫、二〇〇三年
大泉実成『人格障害をめぐる冒険』草思社、二〇〇五年
太田出版編『Mの世代――ぼくらとミヤザキ君』太田出版、一九八九年
都市のフォークロアの会編『幼女連続殺人事件を読む――全資料・宮崎勤はどう語られたか?』JICC出版局、一九八九年
小田晋『神戸小学生殺害事件の心理分析――いま、子どもたちは大丈夫か』光文社カッパ・ブックス、一九九七年
同『少年と犯罪』青土社、二〇〇二年
影山任佐『自己を失った少年たち』講談社選書メチエ、二〇〇一年
香山リカ『「こころの時代」解体新書』創出版、二〇〇〇年
岸田秀・山崎哲『浮遊する殺意――消費社会の家族と犯罪』晩成書房、一九九〇年
児玉昭平『被害者の人権』小学館文庫、一九九九年
作田明『現代殺人論』PHP新書、二〇〇五年
酒井肇ほか『犯罪被害者支援とは何か――附属池田小事件の遺族と支援者による共同発信』ミネルヴァ書房、二〇〇四年

榊原洋一『「多動性障害」児――「落ち着きのない子」は病気か?』講談社+α新書、二〇〇〇年
佐木隆三『宮崎勤裁判　上・中・下』朝日文庫、一九九五年・九七年・二〇〇〇年
斎藤次郎編『子どもたちの世紀末』雲母書房、一九九八年
渋井哲也ほか『僕たちの胸のうち――少年少女が考えた「人を殺す」ということ』ワニブックス、二〇〇〇年
芹沢俊介『消費資本主義論――変容するシステムと欲望のゆくえ』新曜社、一九九一年
同『子どもたちの生と死』筑摩書房、一九九八年
同・高岡健『殺し殺されることの彼方』雲母書房、二〇〇四年
高橋シズヱ・河原理子編『〈犯罪被害者〉が報道を変える』岩波書店、二〇〇五年
高山文彦『地獄の季節――「酒鬼薔薇聖斗」がいた場所』新潮文庫、二〇〇一年
同『「少年A」14歳の肖像』新潮文庫、二〇〇一年
土井隆義『〈非行少年〉の消滅――個性神話と少年犯罪』信山社、二〇〇三年
西日本新聞社社会部「犯罪被害者」取材班『犯罪被害者の人権を考える』西日本新聞社、一九九九年
西山明編『少年事件――暴力の深層』ちくま文庫、二〇〇三年

中嶋博行『罪と罰、だが償いはどこに?』新潮社、二〇〇四年
野田正彰『気分の社会のなかで――神戸児童殺傷事件以後』中央公論新社、二〇〇〇年
土師守『淳』新潮文庫、二〇〇二年
同・本田信一郎『淳　それから』新潮社、二〇〇五年
東大作『犯罪被害者の声が聞こえますか』講談社、二〇〇六年
福島章『犯罪精神医学入門』中公新書、二〇〇五年
藤井誠二『少年に奪われた人生――犯罪被害者遺族の闘い』朝日新聞社、二〇〇二年
本田由紀・内藤朝雄・後藤和智『「ニート」って言うな!』光文社新書、二〇〇六年
森毅ほか『密室』春秋社、一九九〇年
町沢静夫『壊れた14歳――神戸小学生殺害犯の病理』WAVE出版、一九九七年
宮崎哲弥・藤井誠二『少年の「罪と罰」論』春秋社、二〇〇一年
宮台真司『透明な存在の不透明な悪意』春秋社、一九九七年
同『終わりなき日常を生きろ』ちくま文庫、一九九八年
同『まぼろしの郊外――成熟社会を生きる若者たちの行方』朝日文庫、二〇〇〇年
同・香山リカ『少年たちはなぜ人を殺すのか』創出版、二〇〇一年

同・藤井誠二『「脱社会化」と少年犯罪』創出版、二〇〇一年
同・藤井誠二・内藤朝雄『学校が自由になる日』雲母書房、二〇〇二年
宮川俊彦『君は宮崎勤をどう見るか』中野書店、一九八九年
宮﨑勤『夢のなか――連続幼女殺害事件被告の告白』創出版、一九九八年
同『夢のなか、いまも――連続幼女殺害事件元被告の告白』創出版、二〇〇六年
矢幡洋『少年犯罪の深層心理』青弓社、二〇〇一年
同『殺人者の精神科学』春秋社、二〇〇二年
吉岡忍『M／世界の、憂鬱な先端』文春文庫、二〇〇三年
『神戸事件でわかったニッポン』〈双葉社MOOK・好奇心ブック7号〉、双葉社、一九九七年
『少年はなぜ人を殺せたか』〈別冊宝島Real#002〉、宝島社、二〇〇〇年

●3章

安全・安心まちづくり研究会編『安全・安心まちづくりハンドブック――防犯まちづくり編』ぎょうせい、一九九八年
五十嵐太郎『過防備都市』中公新書ラクレ、二〇〇四年

芹沢一也『ホラーハウス社会』講談社＋α新書、二〇〇六年
久保大『治安はほんとうに悪化しているのか』公人社、二〇〇六年
「生活安全条例」研究会編『生活安全条例とは何か――監視社会の先にあるもの』現代人文社、二〇〇五年
小宮信夫『ＮＰＯによるセミフォーマルな犯罪統制――ボランティア・コミュニティ・コモンズ』立花書房、二〇〇一年
同『犯罪は「この場所」で起こる』光文社新書、二〇〇五年
同監修『徹底検証！　子どもは「この場所」で犠牲になった』〈別冊宝島１３１２〉、宝島社、二〇〇六年
斎藤貴男『安心のファシズム』岩波新書、二〇〇四年
中村攻『安全・安心なまちを子ども達へ』自治体研究社、二〇〇五年
日本弁護士連合会編『検証日本の警察――開かれた警察と自立した市民社会をめざして』日本評論社、一九九五年
前田雅英『日本の治安は再生できるか』ちくま新書、二〇〇三年
『犯罪から子どもを守る！　ハンドブック』あおば新書、二〇〇六年

●4章

津富宏「EBP（エビデンス・ベイスト・プラクティス）への道」（『犯罪と非行』一二四号、二〇〇〇年）
同「厳罰化の時代に」（『国際関係・比較文化研究』一号、二〇〇二年）
浜井浩一『刑務所の風景』日本評論社、二〇〇六年
同「過剰収容の本当の意味」（『矯正講座』二三号、二〇〇二年）
犯罪社会学会「課題研究　日本の治安と犯罪対策」（『犯罪社会学研究』二九号、二〇〇四年）
山本譲司『獄窓記』ポプラ社、二〇〇三年
犯罪対策閣僚会議「犯罪に強い社会の実現のための行動計画――『世界一安全な国、日本』の復活を目指して」二〇〇三年
「キャンベル共同計画」（http://fuji.u-shizuoka-ken.ac.jp/~campbell/index.html）
「少年犯罪データベース」（http://kangaeru.s59.xrea.com/index.htm）

浜井浩一（はまいこういち）
1960年愛知県生まれ。龍谷大学法科大学院教授。臨床心理士。早稲田大学教育学部卒業。法務省出身。矯正施設、保護観察所勤務のほか、法務総合研究所研究官、国連犯罪司法研究所研究員等を歴任。『犯罪白書』の執筆経験あり。専門は刑事政策、犯罪学、社会調査・統計学、犯罪心理学。著書に『犯罪統計入門』『刑務所の風景』（以上、日本評論社）。

芹沢一也（せりざわかずや）
1968年東京都生まれ。京都造形芸術大学非常勤講師。慶應義塾大学大学院社会学研究科博士課程を修了。専攻は近代日本思想史・文化史。著書に『狂気と犯罪』『ホラーハウス社会』（以上、講談社＋α新書）、『〈法〉から解放される権力』（新曜社）。

犯罪不安社会《はんざいふあんしゃかい》　誰《だれ》もが「不審者《ふしんしゃ》」？

2006年12月20日初版1刷発行

著　者 ― 浜井浩一　芹沢一也
発行者 ― 古谷俊勝
装　幀 ― アラン・チャン
印刷所 ― 萩原印刷
製本所 ― 光洋製本
発行所 ― 株式会社 光文社
東京都文京区音羽1-16-6（〒112-8011）
電　話 ― 編集部 03(5395)8289　販売部 03(5395)8114
業務部 03(5395)8125
メール ― sinsyo@kobunsha.com

ISBN 4-334-03381-4

光文社新書

188 ラッキーをつかみ取る技術 小杉俊哉
人の評価を気にしない、組織から離れてみる、嫌なことはしない、絶対にあきらめない……。キャリアが見えない時代に、こちらから積極的にラッキーを取りにいくためのキャリア論。

191 さおだけ屋はなぜ潰れないのか？ 身近な疑問からはじめる会計学 山田真哉
挫折せずに最後まで読める会計の本——あの店はいつも客がいないのにどうして潰れないのだろうか？ 毎日の生活に転がる「身近な疑問」から、大ざっぱに会計の本質をつかむ！

197 経営の大局をつかむ会計 健全な〝ドンブリ勘定〟のすすめ 山根節
会計の使える経営管理者になりたかったら、いきなりリアルな財務諸表と格闘せよ。経理マン、会計士が絶対に教えてくれない経営戦略のための会計学。

206 金融広告を読め どれが当たりで、どれがハズレか 吉本佳生
投資信託、外貨預金、個人向け国債……。「儲かる」「増やす」というその広告を本当に信じてもよいのか？ 63の金融広告を実際に読み解きながら、投資センスをトレーニングする。

239 「学び」で組織は成長する 吉田新一郎
役に立たない研修ばかりやっている組織のために、「こうすれば効率的に学べる」方法を紹介する。企業、NPO、学校、行政などで使える学び方・22例を具体的に解説。

245 指導力 清宮克幸・春口廣 対論 松瀬学
大学ラグビー界の名将二人が、自身の経験とノウハウをもとに、「指導力」の肝について語り合う。ラグビーファンだけでなく、すべての指導者、部下を持つビジネスマン必読！

275 統計数字を疑う なぜ実感とズレるのか？ 門倉貴史
五六カ月連続で景気が上向き？ 男の平均初婚年齢は二九・八歳？——まるで実感とそぐわない統計数字がなぜ、どのように生み出されるのか？ 統計リテラシーが身に付く一冊。

181 マルクスだったらこう考える　的場昭弘

ソ連の崩壊と共に〝死んだ〟マルクス。その彼が、出口の見えない難問を抱え、資本主義が〈帝国〉へと変貌しつつある今の世界に現れたら、一体どんな解決方法を考えるだろうか。

200 「大岡裁き」の法意識　西洋法と日本人　青木人志

日本人にとって法とは何？　現行法はわれわれの法意識に合ったものなのか？　司法改革が突き進むいま、長い間法学者たちが議論してきたこれらの問題を、改めて問い直す。

213 日本とドイツ　二つの戦後思想　仲正昌樹

国際軍事裁判と占領統治に始まった戦後において、二つの敗戦国は「過去の清算」とどう向き合ってきたのか？　両国の似て非なる六十年をたどる、誰も書かなかった比較思想史。

249 ネオ共産主義論　的場昭弘

一九世紀、人類の夢を実現する思想として確立した共産主義。しかしソ連の崩壊をきっかけに、今や忘れられた思想と化した。世界的に二極化が加速する今、改めてその意義を考える。

265 日本とフランス　二つの民主主義　不平等か、不自由か　薬師院仁志

自由を求めて不平等になっていく国・日本と、平等を求めて不自由になっていく国・フランス。相反する両国の憲法や政治体制を比較・検討しながら、民主主義の本質を問いなおす。

273 国家と宗教　保坂俊司

アメリカの「正義の戦い」はなぜ続くのか。増え続けるイスラム教徒の根幹を支える思想とは何か。世界の諸宗教を比較考察し、21世紀に不可欠な視点を得る。

278 宗教の経済思想　保坂俊司

労働や商取引などの経済活動について、宗教ではどう考え、人はそれをどう実践してきたのか？　世界および日本における経済思想と宗教との結びつきを比較し、詳細に論じる。

光文社新書

- 166 **オニババ化する女たち** 女性の身体性を取り戻す　三砂ちづる
  行き場を失ったエネルギーが男も女も不幸にする⁉　女性保健の分野で活躍する著者が、軽視される性や生殖、出産の経験の重要性を説き、身体の声に耳を傾けた生き方を提案する。
- 219 **犯罪は「この場所」で起こる**　小宮信夫
  犯罪を「したくなる」環境と、「あきらめる」環境がある——。物的環境の設計（道路や建物、公園など）や人的環境（団結心や縄張り意識、警戒心）の改善で犯罪を予防する方法を紹介。
- 221 **下流社会** 新たな階層集団の出現　三浦展
  「いつかはクラウン」から「毎日百円ショップ」の時代へ——。もはや「中流」ではなく「下流」化している若い世代の価値観、生活、消費を豊富なデータから分析。階層問題初の消費社会論。
- 230 **羞恥心はどこへ消えた？**　菅原健介
  近年、「ジベタリアン」「人前キス」「車内化粧」など、街中での〝迷惑行動〟が目につくようになった。私たちの社会で何が起こっているのか。「恥」から見えてきたニッポンの今。
- 237 **「ニート」って言うな！**　本田由紀　内藤朝雄　後藤和智
  その急増が国を揺るがす大問題のように報じられる「ニート」。日本でのニート問題の論じられ方に疑問を持つ三人が、各々の立場からニート論が覆い隠す真の問題点を明らかにする。
- 269 **グーグル・アマゾン化する社会**　森健
  グーグルとアマゾンに象徴されるWeb2.0の世界は、私たちの実生活に何をもたらすのか？　多様化、個人化、フラット化の果ての一極集中現象を、気鋭のジャーナリストが分析・解説。
- 270 **若者はなぜ3年で辞めるのか？** 年功序列が奪う日本の未来　城繁幸
  仕事がつまらない。先が見えない——若者が仕事で感じる漠然とした閉塞感。ベストセラー『内側から見た富士通「成果主義」の崩壊』の著者が若者の視点で探る、その正体とは？